Por

Miguel Martin

2016

ISBN-13: 978-1541138988

ISBN-10: 1541138988

SERVICIOS, comentarios, información sobre el autor o preguntas puedes hacerlo en ***www.miguelmartin.info***

Dedicado

Este libro lo dedico a la persona que desea o **ha Despertado Conciencia** de su potencial, su razón de Existencia y **que la usará** para el bien de la sociedad.

Agradecimiento

A mi Esposa Margarita Anguiano por Creer en Mi y equipo MMEC para tenerlo listo para publicarlo.

Contents

Claridad

Características Fundamentales del Emprendedor

La Escalera MMEC A Tu Propia Empresa

Enemigos

Errores Habituales de los Emprendedores

Prefacio

"A excepción del hombre, ningún ser se maravilla de su propia existencia.' - Arthur Schopenhauer

En la vida, comunidad, iglesia, conferencias, sesión de coaching he encontrado muchas personas que desean una vida nueva, cosas nuevas, experiencias nuevas y entre ellas desean superar su empleo y crear un estilo de vida donde puedan vivir sin problemas, deudas, preocupación, estrés y libres a realizarse en varias cosas, pero no saben cómo. Aquí está la respuesta con entradas económicas sostenibles, total Libertad Financiera de tal manera que puedan gozar con toda la familia una vida mejor y totalmente próspera. Para ellas escribimos este libro, con el ponemos en tus manos esta, **La Oportunidad** que lo hace **posible.**

Este estilo de vida de posibilidad y salud, gozo, lujo, libertad, tener suficiente, prosperidad, riqueza, en la mayoría de las personas hasta hoy solo es un pensamiento, un lejano deseo o un momento de vuelo en las nubes nada más. Gente que desea ser águila pero se sigue arrastrando en la tierra. Pero estas personas sin saberlo pueden tener eso y mucho más. A personas tales busco para conversar, despertar conciencia y juntos **crear esa oportunidad** que todos merecemos. Sin embargo, aunque la oportunidad sea para todos no pocos sino algunos son los afortunados no solo de entenderlo sino experimentarlo, de tenerlo. Pregunto. ¿eres de los algunos? Aprenderas en este libro que El camino a esta posibilidad es *el emprendimiento*.

Tienes que saber y confirmar que todos hemos sido creados *libres y capaces* de eso y más. Aquí está tu puerta de esperanza: **'El Emprendedor Inteligente.'** En este libro ayudaremos en lo siguiente.

El Emprendedor Inteligente *activará* el pensamiento que se necesita para empezar a vivir como emprendedor.

El Emprendedor Inteligente *pondrá en moción* el poder que permite activar el emprendimiento.

El Emprendedor Inteligente *expondrá* la ruta que caminan todos los que poseen el Espíritu de emprendimiento.

El Emprendedor Inteligente *te dará* La Oportunidad que necesitas para empezar tu propio negocio rentable.

El Emprendedor Inteligente *te inspirará* a que **seas creador** de tu propio servicio, producto, sistema y empresa.

El Emprendedor Inteligente *te hará* soñar en grande e ir a donde jamás has ido con pasos prácticos para tener libertad.

El Emprendedor Inteligente *te llevará* si haces todo lo que exponemos a vivir LIBRE, FELIZ Y REALIZADO ECONOMICAMENTE.

El Emprendedor Inteligente *te guiará* a la biblioteca de tus poderes, dones, talentos, capacidades y posibilidades que hará de ti lo que fuiste creado a SER una fuente de Creación.

El Emprendedor Inteligente *te proveerá una guía* paso a paso para empezar de NADA una Empresa Propia.

Independiente del tiempo y lugar en que te encontré este libro no es un pasatiempo sino una escuela, taller, colegio, academia, universidad personal en donde tu experimentaras tus posibilidades, oportunidades y privilegios como ser humano para vivir realizado y crear lo que hará que dejes un *legado* a tu familia y sociedad.

¡MMEC te da la Bienvenida al mundo del emprendimiento!

"Pienso, luego existo." – Rene Descartes

1.

El Cuadrante del Emprendimiento

El Cuadrante del Mundo
del Emprendedor

Emprendimiento por definición. ***"Se denomina emprendedor/a a aquella persona que sabe descubrir, identificar una oportunidad de negocios en concreto y entonces se dispondrá a organizar o conseguir los recursos necesarios para comenzarla y más luego llevarla a buen puerto."***

El Mundo

En el área del emprendimiento existe un cuadrante del que todos los emprendedores pertenecen para bien o para mal. Si deseas ser un, o vives y eres parte del mundo de la comunidad y esta gran familia del emprendimiento analiza a cuál perteneces.

Quien eres

Quien no sabe quién es, dónde está y a dónde va está destinado al fracaso y perdiendo su vida en este mundo con tantas distracciones.

Poderosa es la verdad de la Identidad. Tu Identificación dice quién eres y es lo que menos saben muchos al comenzar esta carrera. Lo primero que debe resolverse en cualquier asunto es tu identidad, de allí sabes a qué perteneces o lo que podrías hacer para ser de allá o aquí. *No escatimes tu identidad es tu pasado, tu presente, es tu futuro, es Tu Vida.*

Ubícate

El objetivo de este cuadrante MMEC es ubicarte lo más pronto posible en donde estás y de allí reafirmar, descubrir y construir tu destino como emprendedor. Identificar tu posición determinará tu futuro ya sea para el Éxito o para el Fracaso como consecuencias de tus elecciones.

Aquí esta el cuadrante, lee, observa, piensa y identifícate.

MMEC.1

Emprendedor Ignorante (EMIG)	Emprendedor Limitante (EMLI)
Emprendedor Imprudente (EMIM)	Emprendedor Inteligente (EMIN)

Contesta:

¿Qué es ser un emprendedor?

_____
_____
_____
_____
_____
_____

¿Qué es el emprendimiento?

_____
_____
_____
_____
_____
_____

Explica en pocas palabras qué es para ti un Emprendedor Ignorante, un EMIG:

_____
_____
_____
_____
_____
_____

El Emprendedor inteligente - Comienza tu propia empresa -

Explica en pocas palabras qué es para ti un Emprendedor Limitante, Un EMLI:

_____
_____
_____
_____
_____
_____

Explica en pocas palabras qué es para ti un Emprendedor Imprudente, un EMIM:

_____
_____
_____
_____
_____
_____

Explica en pocas palabras qué es para ti un Emprendedor Inteligente, un EMIN:

_____
_____
_____
_____
_____
_____

Escribe para tu Historia futura

Nombre_____

Fecha_____

Emprendedor Ignorante (EMIG)

"La enfermedad del ignorante es ignorar su propia igno-rancia." - Amos Bronson Alcott

Si no sabes lo que haces, la ignorancia es uno de los mejores agentes de rentas que saben cobrar. La ganadora de un Óscar, Kim Basinger, perdió una demanda interpuesta por los productores de la cinta Boxing Helena, y tuvo que vender la casa donde vivía y pagar $8 millones más. El juicio fue porque se negó a trabajar en dicha cinta, ya que no le gustaban las escenas sexuales que contenía; y todo porque se confió y era voluntariamente ignorante de lo que ya había firmado, no había leído bien el contrato. La ignorancia no respeta, cobra y cobra bien.

Identidad

Para empezar este tipo de individuos, es un tipo de emprendedor *que no sabe quién es.* Las personas que entran en esta lista son aquellas que tienen un problema de identidad que no saben quiénes son. Están totalmente ciegos a su identidad, a su potencial, a su posibilidad de vida. Intentan y tropiezan, se dan por vencidos.

Con este problema cualquiera que busque emprender estará perdido en este mundo de pruebas, luchas, conflictos ya que quien no sepa quién es jamás podrá alguna vez crear su propio destino como emprendedor. **Quien no tiene identidad no tiene futuro. Esa persona NO EXISTE.**

Negocio

Con respecto a negocios no sabe mucho o nada. No sabe lo que es tener un negocio y todas las ramificaciones que envuelve y lógico es imposible que ni siquiera intente. Los negocios no nacen de la nada tienen una cuna, tienen una base para nacer y quien no posea la capacidad de informarse de lo que requiere, fracasará.

Mis amigos, los negocios tal vez no requieran tanto dinero como muchos piensan, ni talento, o educación convencional, me refiero a títulos, pero, ah, como requiere "educación selectiva". Sin educación propia, si no es autodidacta esta persona será **un emprendedor ignorante**.

¿Te has preguntado quienes son los dueños de negocios y empresas? Respuesta: en su mayoría son aquellos que no terminaron la escuela y fueron considerados especiales, malcriados, rebeldes, locos. ¿Te has preguntado quiénes son los que trabajan en estas empresas o negocios? Respuesta: en su mayoría son aquellos que terminaron la escuela, que tienen títulos y mucho orgullo porque son los "educados" convencionalmente. He dicho algo que debe detenerte y asegurarte a comprobarlo. En lo dicho hay una sabiduría e inspiración para grandes comienzos.

Emprendimiento

Esta persona también no sabe nada o poco de emprendimiento. Es alguien que en vida no tiene conocimiento de las cosas y por lo tanto el emprendimiento como clase, curso, carrera no existe en su lista de estudio. Piensa y sobre todo cree que una buena empresa y tener millones de dólares es un asunto de buena voluntad universal y que el camino es una "buena suerte".

Si quieres seguir leyendo y sacarle todo el provecho a este libro tienes que **reconocer tu ignorancia inmediatamente y saber que el emprendimiento es una ciencia** que debe ser estudiada a profundidad, de otra forma se tratará de cosechar donde no hubo siembra.

El emprendimiento es una carrera de gente normal que vive anormal, para realizar no son de lo común pero muy feliz y prospera.

Organización

Algunas personas son totalmente ignorantes en lo que es organización. No saben nada o poco de organización que es esencial en el mundo del emprendimiento. Ser emprendedor no es un juego ni pasatiempo. El emprendimiento requiere desde sus inicios organización personal, planificación y una buena estructura para que crezca y de el fruto, los resultados buscados.

Pero toda una buena organización no surge de un milagro, no es heredado, no baja por una oración al cielo, tiene como madre al gran fenómeno de la Educación consciente e investigativa o sea se busca lo que se necesita para tener una organización funcional. El ignorante no sabe esto, no entiende esto.

Vender

No sabe nada de vender. Piensa como muchos que ser emprendedor sólo es salir con una buena idea electrónica, sentarse a ver TV y chatear todo el día, recoger dinero y buscar bancos donde guardarlo. No sabe que esta aventura requiere capacidad para y una buena estrategia de mercadeo.

Como no sabe nada de lo que son las ventas regresa después de su intento diciendo que nada funciona, que esto no sirve y así va de negocio en negocio hasta que llega a estar fastidiado de este bello mundo del emprendimiento que únicamente es para los inteligentes persistentes.

Publicidad

Así es, no sabe nada de publicidad. No conoce sistemas, plataformas, programas que tienen que usarse en este mundo en el que vivimos. *Sin publicidad solo llega con su producto a su amigo, con su emprendimiento sólo da un paseo de emoción en que a veces ni su madre reconoce.*

La falta de conocimiento de estas cosas es lo que hace que varios fracasen antes de empezar en todo lo que les pasa en su mente en el contexto de emprender. La publicidad es como un carro, caballo, barco, avión es el transporte de lo que ofreces. Estas personas son como el arroz, frijoles y el trigo no llega lejos si no hay quien lo lleve al público allí se quedan y lo peor es que esos granos sin público se pudren.

Escuchó

A este le dijeron que podía empezar un negocio o producto solo por tener un título, carita bonita "escuchó" y lo hace, pero ignora toda la derivación de tal aventura. Escuchar es bueno, pero sin preparación y capacidad de nada sirve.

Escuchar a personas, motivadores, libros y maestros no sirve de nada si no se conoce todo lo que involucra por nosotros mismos. Es de los más grandes ignorantes quienes solo intentan hacer algo porque fue motivado o emocionado sin educación selectiva en ese emprendimiento.

Herencia

En este grupo entran aquellos que heredan fortunas, negocios, legados, regalías, ganan la lotería, heredan empresas, pero no saben nada del asunto. En todo sentido de la palabra son ignorantes por falta de conocimiento y experiencia propia. Y alguien me puede preguntar alarmado o sorprendido ¿hay emprendedores así? y respondo, claro que sí.

Pocas son las veces que personas sin experimentar por ellos mismos *desde el inicio*, de cero, sin nada pueden de verdad vivir con emprendimiento. De hecho, los grandes y exitosos emprendedores modernos empezaron sin nada, en la calle, en el garaje, desde su automóvil, desde el baño, desde el sofá, desde el suelo, muchísimos en cero, solo ellos saben lo que es emprendimiento porque lo han experimentado.

Educados

Entre estos están aquellos que piensan que necesitan ir a la escuela para triunfar en la vida. Aprender una profesión, carrera y así hacer una vida, dinero y los lujos. Han aprendido y su psicología está llena de la idea que **"sin educación convencional" no se puede emprender y poseer dinero. Que diabólica idea.** Esto está demostrado que no es cierto y es una gran mentira del sistema que mantiene a la gente esclava a una escuela y empleos en nuestros días.

Dinero

Entre estos están aquellos que creen que sin dinero ningún negocio es posible que no se puede emprender a menos que tengas un capital para ello. NO es cierto, aunque es posible que necesites un capital para empezar no necesariamente tiene que ser tu dinero.

Los emprendedores inteligentes saben que la clave no está en empezar un negocio, producto o empresa con dinero sino está en qué empresa, producto o negocio emprender ya que de él dependerá el tener o no capital en dinero para empezar.

Lo que estamos diciendo es que no todo negocio o empresa necesita dinero para iniciar.

Pero para descubrir la empresa, producto, sistema o negocio que no lo requiera tienes que ser un emprendedor totalmente, completamente, ungido, convertido INTELIGENTE.

Edificio

También están aquellos que piensan que necesitan un lugar físico, empleados, carros, secretarias, y todo lo que involucra una empresa o negocio convencional para empezar o ser exitoso y lograr ser dueño de su propia empresa. Nunca pudo estar tan lejos de la verdad esa creencia. Hoy día no necesitas nada de eso para empezar o aun tener tu empresa productiva y millonaria. Si no me crees pregúntale a Brendon Buchard que empezó una empresa llamada High Performance Academy desde su computadora que hoy le ha dado millones de dólares.

La mayoría

El 95% de personas están en esta lista ya que ser IGNORANTE no cuesta nada y demasiado fácil que el 95% de la familia lo cree, lo acepta y lo vive. Para ser INTELIGENTE no puedes ser del 95% de personas del mundo. Tienes que obligatoriamente ser del 5% de personas que están REVELANDOSE a conceptos, empleos, sistemas, educación convencional, el pasado que los tienen esclavos, encarcelados y ciegos a su Potencial y Posibilidad.

Vamos, seamos del 5% de persona que tienen, administran empresas, negocios, emprendimientos y sobre todo controlan el dinero en el mundo. Son LIBRES, FELICES, RICOS, SALUDABLES E INTELIGENTES.

"Ser consciente de la propia ignorancia es un gran paso hacia el saber." - Benjamin Disraeli

Emprendedor Limitante (EMLI)

"Justifica tus limitaciones y te quedarás con ellas." - Richard Bach

Whitney Houston de ser tan afamada y acaudalada, grandes emprendimientos no cuido sus debilidades, ellas se volvieron sus limitantes y sometida a la adicción a las drogas llegó a subastar objetos personales y de sus conciertos. Todo esto a pesar de ser la "artista más premiada de todos los tiempos".

Cuando verdaderamente eres inconsciente de tus limitaciones y no haces nada mueres. Así ocurrió con Houston no solo perdió básicamente todo sino que perdió la vida. Murió el 11 de febrero del 2012, en el Hotel Beverly Hilton. Encima de su muerte y vida desastrosa llego a tener deudas por más de $4 millones.

Amigo emprendedor si vas a emprendedor asegúrate desde el comienzo no terminar así. Las historias nos dan la sabiduría de evitar desgracias de otros o re escribir su éxito.

Actitud "Sabe lo todo"

Estas personas creen que **lo saben todo** no reciben consejos sin ceder a los cambios recomendados por los demás. Quiénes más podrían entrar a la lista de gente **sabe lo todo son**:

- Gente no Educada.
- Los ignorantes.
- Universitarios.
- Líderes de iglesias.
- Líderes de multinivel.
- Gente de red de mercadeo.
- Educadores convencionales.
- Políticos.

Cualquiera que ha tenido algún éxito entra en esta lista ya que su éxito se vuelve su más grande limitante y por ello se ha confiado de que sabe y es apto para decisiones o emprendimientos estancados.

Mente

Para muchos La primera limitación está en su mente, no tienen el espíritu de ser alumnos. No les gusta aprender y dependen de su conocimiento ya adquirido. Su conocimiento pasado se vuelve su propio enemigo. La simple forma de demostrar que estas estancado con tu conocimiento es contestando las siguientes preguntas.

¿De 5 años para acá has crecido intelectualmente?

¿A qué curso o seminario has asistido en el último mes?

¿Qué libros has leído en la última semana?

¿Qué es lo último que aprendiste y has reconocido públicamente en los últimos días?

"Mis padres me dieron la estabilidad y la creencia en mí y en toda la vida de las posibilidades que tiene que ofrecer. Me dijeron que las únicas limitaciones que alguna vez enfrentaría serian las que puse sobre mí." - Dionne Warwick

Educación

La segunda limitación que tiene es que no le gusta ser autodidacta. En este mundo del emprendimiento se es autodidacta, la educación que embellece y hace florecer es la educación ambulante, la selectiva, aquella educación que hace de ti alguien que provee un bien a la sociedad. Aquella educación que busca más que dinero y lujos.

Sin embargo, la limitación de esta gente es que *no les gusta* este tipo de educación y allí está una gran pared entre lo que son y podrían ser y poseer en la vida. Muchos ni siquiera se molestan en preguntar que más podrían hacer y ser en la vida. Viven sin sentido, están esclavos a la rutina enclaustrados en su propia cárcel intelectual.

No Creen

La tercera limitación es que no creen en su propio poder, en sus capacidades, talento, don. Y esto es crucial en la vida del emprendimiento. Quien no cree en sí mismo no puede creer en lo demás. Es imposible tener una visión que en su mayoría está compuesta de mucha FE. Creer en sí mismo es fundamental para cualquier emprendimiento exitoso.

Dinero propio

La cuarta limitación es que piensan que necesitan dinero propio para realizar negocios. Este concepto es uno de los más peligrosos y asesinos de grandes oportunidades. Ya que la mayoría no lo tiene y es en ese concepto que matan todos sus sueños.

Nosotros abogamos que es posible empezar un negocio, producto o empresa sin dinero, o con dinero que no necesariamente es tuyo. En el libro hablaremos un poco más de ello del como es posible. Pero por ahora debes saber que todo es posible. Pero con la idea que nada es posible sin dinero propio es mentira.

Llueve Dinero

Quinta limitación es **que piensan** que ser emprendedor abre milagrosamente las ventanas del cielo para que caiga dinero de a montones. NO comprenden que lo milagroso está en que se logra con mucha mente, trabajo y estrategia. De otra manera no viene ni existe el dinero como resultado.

Experiencia

Quien no experimenta no logra. Sexta limitación es que sueñan sin experiencia. En toda la experiencia es esencial en la vida de todo emprendimiento. Si no te manchas las manos, sino quemas velas por decirlo así para informarte, educarte, sino vives momentos especiales, cruciales, cruzar obstáculos, enfrentar enemigos, críticas y opiniones destructivas tú no puedes llevar la bandera de esta carrera.

Fácil

Séptima limitación es que quieren todo fácil. Lo fácil es el padre de los mediocres y pobres de este mundo. Tienes dos simples opciones ser pobre o realizado y uno o el otro depende de tus conceptos de la vida y en este caso del emprendimiento. NO es fácil ser emprendedor, pero si posible viviendo cada etapa inteligente.

"Nuestras limitaciones y éxitos se basan, generalmente, en sus propias expectativas para nosotros. Lo pensamos mucho en nosotros, el cuerpo actúa." - Denis Waitley

Hábitos

Estos no comprenden que son lo que hacen repetidamente. Octava limitación está en sus malos hábitos. Así es tienen malos hábitos, muy malos y esos hábitos hacen su carácter. Si tú tienes el hábito de dormir tarde o más simplemente reflejarás lo mismo en tu vida diaria sin excepción en tu emprendimiento. Cualquier mal habito como la impuntualidad, mentiritas, no cumplir las promesas, mal genio, falta de cortesía. Si eres desorganizado, irrespetuoso al centavo, dinero, empresas, instituciones etc., es la base de acciones y así los resultados.

Disciplina

Novena limitación esta en la falta disciplina. Sé que muchos piensan que esto no es importante. Lo que importa dicen es la idea, la visión y sueño que se posee, pero también piensan que la disciplina no tiene nada que ver. Todo lo contrario, la disciplina es la base del éxito de todo lo demás como la idea, la visión y sueño.

"Obviamente, debido a mi discapacidad, necesito ayuda. Pero siempre he tratado de superar las limitaciones de mi condición y llevar una vida lo más completa posible. He viajado por todo el mundo, desde la Antártida a la gravedad cero." - Stephen Hawking

Ignorancia

Decima limitación radica en ignorancia de *las características de una vida de emprendimiento*. No preocuparse en saber todo lo que involucra ser emprendedor con mucha anticipación es una viva ignorancia.

Palabras

Undécima limitación está en el poder de sus propias palabras que expresan, demasiado negativismo. Cuantos no se vuelven profetas de su propio destino. Las palabras tienen poder de crear tu futuro y allí está la razón de tantos fracasos. Analiza y cuida tus palabras son las constructoras de tu vida actual y futura.

Cambio

Duodécima limitación es que no respetan el cambio. NO esperan, no quieren, no buscan cambio para lo mejor. Evitan cambios y piensan que siempre están en su contra. Este tipo de personas tienen muy mala psicología de lo que es su futuro, no tienen futuro en ellos mismos. Están arraigados en muy malos conceptos y por eso viven en miedos que socaban su visión.

Quien no espera cambios, pruebas, luchas, conflictos, ideas nuevas, problemas, nuevas oportunidades, opiniones diferentes que se despida de este mundo del emprendimiento porque está en el lugar equivocado. Tiene una persona totalmente limitante. Si la mente está amarrada a limitantes la vida está ya en una tumba.

"Una vez que aceptamos nuestras limitaciones, podemos superarlas." - Albert Einstein

Emprendedor
Imprudente (EMIM)

"La imprudencia suele preceder a la calamidad" - Apiano

No piensa *correctamente*

Este tipo de personas hacen las cosas, sus intentos, negocios, relaciones etc., sin el proceso de pensar *correctamente*. No investiga. NO se toma el tiempo necesario para saber a primera mano lo que es esta carrera. **Puesto de otra forma estos emprendedores si piensan, pero sus pensamientos están contaminados con ideas incorrectas del poder humano, las ideas, el dinero, la razón del porqué se vive y emprende.**

Están desafinados en sus metas. Sus pensamientos, palabras y acciones no concuerdan. Hacen mucho o todo fuera de tiempo. Ya que no piensan educadamente o se adelantan o atrasan. Hay desbalance. Hay mucho desbalance y en lugar de producir siempre están perdiendo. De este tipo de emprendedores están llenos los negocios de multinivel o red de mercadeo y negocios orgánicos, aquellos que son iniciados y sostenidos por los propietarios solamente.

Como emprendedores Inteligentes lo primero que debe hacerse es necesario aprender a pensar correctamente para poder tener una buena brújula y mapa a seguir.

Emociones

Son muy patéticos. La emoción les gobierna y siempre están arriba o abajo en su auto estima. Son fácilmente afectados por la sugerencia de alguien más que su propio conocimiento y educación. Están llenos de emociones negativas y ellos mismos debido a esto siempre están echando a perder su propio futuro.

"La precipitación y la superficialidad son las enfermedades crónicas del siglo." - Aleksandr Solzhenitsin.

No pausa a considerar desde todo ángulo a lo que está por realizar ya que no tiene el hábito de evaluar su vida, sus razones de actuar. Repito las emociones gobiernan sus pensamientos y por ende sus acciones.

Sin objetivo

Confusión emocional trae una visión borrosa, trocada, mal enfocada. Puesto de otra manera sin objetivo claro. Cuando esto ocurre la condición y futuro de esta persona es peor que la del emprendedor EMIG ya que su pérdida es 3 veces mayor que la del ignorante. Este tipo de personas pierde oportunidad, tiempo y dinero.

Por lo tanto, en el mundo del emprendimiento esta persona empieza por dinero y no tiene razón correcta para realizar su objetivo. Dejar bien claro y asegurarse cuál es el motivo que me dirige en lo que hago es esencial para construir sobre una roca y no sobre la arena que hará que se derrumbe su castillo.

Quien no tiene un objetivo correcto es porque no piensa correctamente, porque no tiene un motivo sano y educado.

Pensamientos incorrectos

Los pensamientos son lo que somos y en eso nos convertimos. Por lo tanto, el emprendedor imprudente es eso imprudente por tener pensamientos incorrectos. Los pensamientos son el carácter y crean la personalidad del individuo. La puerta de nuestra vida está en la mente y allí es donde tenemos que dedicar mucho tiempo para gozar una vida fructifica.

Aquí es donde veo que resbalan muchos en la vida buscan nueva ropa, carros, casas y hasta se pelean por un dólar más sin dedicar tiempo, evaluación, educación y dinero a su forma de pensar donde está el taller propio para construir su destino.

Cambios innecesarios

Este individuo cree en los cambios, pero realiza cambios innecesarios. Combinar una idea de negocio, empresa, producto, servicio y cualquier meta con **imprudencia es una fórmula que trae desgracias y fracaso.**

"El hombre se precipita en el error con más rapidez que los ríos corren hacia el mar." – Voltaire.

No es lo mismo de incrementar la producción sin conocer el mercado ni cambiar de color la portada de un libro solo porque te lo dijo tu esposa o el amigo. Así muchos viven haciendo cambios aquí y allá y al final terminan cansados, hastiados de intentar pues los cambios imprudentes sin fina consideración tomando en cuenta todos los factores que podrían afectar el fin o resultado.

No investiga

Esta persona intenta comenzar, avanzar, caminar la vida del emprendedor, pero sin investigar sus ramificaciones, producto, sistema, mercado. Sabe nada de maquetar. No sabe que necesita programas y mucho trabajo.

"Aún no ensillamos y ya cabalgamos." – Refrán Antiguo.

Este siempre anda decepcionado y fracasado. Siempre anda quejándose que todo está mal, que el gobierno no hace, el gobierno da. Nadie según él ayuda, le entiende, es una víctima de su propia visión. Todo emprendimiento requiere mucha investigación para empezar y en ella radica la luz de grandes ideas y el éxito.

"No aceptes nunca como verdadera una cosa si no lo es para ti evidentemente. O sea: evita la precipitación." – Rene Descartez

Gente

NO, estos individuos solo ven dólares, dinero, lujos, gustos y en esa imprudencia pierde de vista lo único que puede llevarlo lejos, a grande y éxito – la gente, las personas son el único y la verdadera razón de emprender y tener un negocio, empresa, producto, sistema, programa etc.

"Qué fácil es empujar a la gente... Pero que difícil guiarla." - Tagore, Rabindranath

Consecuencias

No consideran las consecuencias esperando buenos resultados solo por intentar. Por no estudiar bien su emprendimiento termina con grandes consecuencias como endeudado, inicia sin terminar proyectos, y muchas veces con problemas legales. Disgustos con amigos, familiares y socios.

El Emprendedor inteligente - Comienza tu propia empresa -

Es crucial para el emprendedor comprender conscientemente los riesgos de antemano de esta manera puede evitar hasta donde se le permite consecuencias garrafales.

Intentar

Es un salta montes. Le gusta intentar esto y aquello y nunca llega a algo productivo y rentable solo vive algo estresante. Se ve bello al inicio y muy prometedor. Es una mariposa y así muere también. No tiene visión, objetivo, metas claras, no es consistente del proceso del emprendedor tristemente cambia como una mujer, su ropa constantemente.

"No hay que vender la piel del oso antes de haberlo matado." - *Refrán Antiguo.*

Intentar **sin conocimiento, objetivo y una consciente** razón del negocio, empresa, producto, servicio es la perdida más grande de la vida de tal persona. **Nunca intentes algo si no sabes porque lo quieres hacer y porque tú serás parte de ello.**

Por mala administración, demasiada imprudencia Mike Tyson da un ejemplo de lo que es ser un emprendedor imprudente. Años atrás se necesitaban $400.000 al mes para mantener su estilo de vida. Pero después de la declaración de quiebra, el boxeador ahora vive en una casa de alquiler en Phoenix, según el sitio advice4finance.com.

La gente imprudente en lugar de ver y analizar su problema culpa a otros. En 2013, el campeón interpuso una demanda contra su antigua asesoría financiera, propiedad de Live Nation Entertainment, en la que acusa a su ex consultor, Brian Ourand de malversar $300.000 de su propiedad y de que esta acción le ha "costado muchos millones en pérdidas". Cuando eres imprudente lo peor es buscar un culpable. ¿En tus imprudencias a quien culparas tú?

"Lo que se hace con precipitación nunca se hace bien; obrad siempre con tranquilidad y calma." - *San Francisco de Sales*

Emprendedor Inteligente (EMIN)

"La inteligencia consiste no sólo en el conocimiento, sino también en la destreza de aplicar los conocimientos en la práctica." - Aristóteles

Visionarios

Este tipo de personas primera característica es que son visionarios. Tienen una visión per sobre todo la tienen clara y bien establecida. Como dijo el otro día un amigo. "amigos esto está escrito en piedra. No puede cambiar." Siguen el ejemplo de Steve Jobs visionario hasta los huesos. Aun después de muerto sigue transcendiendo con su visión - explotar a su máximo la tecnología y que fuera tan simple como posible que sus productos estuvieran en cada casa. Mira como Apple ha cumplido esa visión.

Líder

Son líderes. Sin liderazgo es imposible guiar tu emprendimiento. Empezar una empresa sin saber cómo seguir es como hacer que te muerda una serpiente venenosa y sin doctor. Estas personas abren camino cuando los demás dicen que no se puede y que está muy lejos. Ellos son como Jhon F. Kennedy que dijo que "vamos a la luna" y fueron a la luna. Los líderes siempre dicen lo que quiere y lo logran con su ejemplo.

Investigador

Son investigadores. Se toman tiempo para averiguar todo lo relacionado a su visión, misión, objetivo y emprendimiento. Son fieles al estudio para entender lo que quieren hacer como el científico Albert Einstein. Solo gente de este calibre llega a triunfar en el emprendimiento de lo que sea. Investigando de antemano nada es imposible.

Alumno

"La primera obligación de la inteligencia es desconfiar de ella misma." - Stanislaw Lec.

Son alumnos de todo, estudian, analizan su emprendimiento, producto, el mercado. Aprenden lo que tienen que aprender antes, durante y después de iniciar. Si no saben aprenden. Ellos son los Newtons del momento. "Millones de personas vieron una manzana caer, pero Newton fue el único que preguntó por qué." - Bernard M. Baruch.

Están sometidos a mejorías necesarias y aplican todo lo que los llevará a su meta siempre en modo alumno, aprendiendo, desaprendiendo y aplicando.

Modelo

Tienen modelos. Estudian, analizan biografías, libros, cursos. Usan sistemas que otros han utilizado para empezar, desarrollar y hacer crecer su empresa. Me viene a la mente el gran Alex Day – escritor, motivador, conferenciante, empresario y sobre todo seguidor de modelos de éxito. Tanto que él es ahora uno a seguir en el ámbito del éxito empresarial. Los modelos son visibles y con grandes resalados.

"La persona inteligente busca la experiencia que desea realizar." - Aldous Huxley

Flexible

Son flexibles a todo lo que necesita modificarse. La flexibilidad es un arte que pocos saben usar pero quien lo hace siempre avanza en los momentos más críticos de su emprendimiento. Por lo tanto solo tener un sueño, conocimiento, emprendimiento sin aplicar flexibilidad cuando sea necesario es tratar de vivir sin oxígeno.

Cuanto hace falta enfatizar esta cualidad. No hay mucho éxito sostenible si no se es flexible. Se cuenta que el pastor acababa de llegar a esta iglesia y como siempre hay gente o familias que saben que si controlan al pastor controlan toda la iglesia. Así que dos familias que siempre se estaban peleando los puestos pidieron una cita en la que la esposa del pastor estaba de observadora. Llego la primera familia y expuso la situación y su problema. El pastor en conclusión les dijo "tienen razón". Más tarde pasa la otra familia y el resume la reunión expresando "tienen razón." Se retiran y la esposa le dice "que te pasa mi amor a todos les dijiste", "que tienen Razón." El pastor se volvió hacia a ella y le dice esposita "tienes razón".

"La inteligencia es la función que adapta los medios a los fines." - Nicolai Hartmann.

Necesidad

Son águilas en la vida, ven lo que otros no miran. Investigan las necesidades y saben suplir una necesidad. Esto lo vemos a las claras en las embotelladoras de agua en este y cualquier país. Están bajo la ley de dar más que solo vivir, buscan necesidades y suplen, saben donde dar. Nota el punto ellos encuentran una necesidad, suplen y ganan dinero por ayudar a otros.

"Las inteligencias poco capaces se interesan en lo extraordinario; las inteligencias poderosas en las cosas ordinarias." - Elbert Hubbard

Agregan

Siempre agregan valor a los demás, a la sociedad, hogares, iglesias. Están bien conscientes que sin agregar valor a los demás en todo lo que hagan están perdiendo el tiempo y serán uno más de aquellos que han muerto con mucho dinero, pero sin paz, salud y`el gusto de haber vivido.

Este principio es visto en la vida Suze Orman. De ser una mesera, sin dinero y habiendo vivido una vida mediocre decidió salir de allí. De su experiencia creo una empresa financiera para educar a las personas a como ser exitosos financieramente. De esta manera ella agrega valor a los demás – por medio de la educación financiera. Los emprendedores inteligentes usan este gran medio, el agregar valor a los demás como su caballo de honor.

Capacidad de Desaprender

Pero más importante saben cómo desaprender todo lo que les impide crecer y triunfar. Son más que alumno, estos aprenden a desaprender lo que aprendieron mal. Allí está el gran ejemplo de uno de los padres de Norte América Benjamin Franklin con su famosa lista de 13 virtudes a aplicar. Se dio cuenta que no estaba donde tenía que estar como persona así que aplico una lista para desaprender las cosas que había aprendido mal y empezó con su carácter.

El Emprendedor inteligente - Comienza tu propia empresa -

"La mayor parte de los hombres tiene una capacidad intelectual muy superior al ejercicio que hacen de ella." - José Ortega y Gasset

Conscientemente *desarrollan esa capacidad de sacar toda la basura* que acumula el cerebro, carácter, genio etc. Hacen espacio para lo nuevo, lo bueno y lo que en verdad les traerá provecho, beneficio y mucha ganancia económica. Muchos nunca serán financieramente prospera no porque no pueda sino por la basura que carga en su cerebro, carácter y personalidad.

Preguntan

Preguntan, saben que las promesas tienen el poder de abrir puertas que les permitirá ver y oír misterios que ellos descubren ya que sólo ellos preguntaron. Las preguntas son el veneno a la ignorancia y la llave lo que necesitas como emprendedor para empezar tu empresa, establecer tu empresa, continuar con tu empresa. Son como mi Hija Génesis Martin. Cuando le digo "no" me contesta ¿Por qué no papi? ¿papito porque no? "Papi si se puede tú me has enseñado que si se puede." Tiene una habilidad de cuestionar todo lo que impide que ella reciba o tenga lo que quiere. ¡Exacto, siempre me gana! La amo y tanto me ha impactado con sus preguntas que ya es parte de uno de mis libros. Nunca olvides preguntar, cuestionar, interrogar son llaves para el éxito y lograr lo que quieras.

"Sólo la inteligencia se examina a sí misma." - Jaime Luciano Balmes.

Buscan

Son buscadores de lo que ellos saben que es necesario. Buscan toda información que les ayudará hacer de su empresa la mejor en su área. Ellos buscan el mejor equipo, colaboradores y sistemas que harán de su empresa un icono. Hubert Humphrey buscando la Casa Blanca escribió lo siguiente a su esposa cuando solo era un farmacéutico en Minnesota en 1935 al viajar a la capital de la nación, – "Puedo ver como algún día, si tú y yo nos lo aplicamos y nos proponemos trabajar para cosas grandes, podemos vivir aquí en Washington y probablemente estar en el gobierno, en la política o en el servicio. Dios mío, espero que mi sueño se haga realidad, de todos modos, voy a tratarlo." Treinta y un años después llegó a ser el vicepresidente de esta nación Estados Unidos. Busco como estar allí y lo logro.

Para ellos, la educación, el dinero no es problema, lo que sea lo buscan si lo necesitan. Los sistemas no son el problema si no lo tienen lo buscan o crean.

Conscientes

Están bien conscientes de quienes son. Están conscientes de qué necesitan. Están bien conscientes que emprender requiere riesgo, posible fracaso, mente, trabajo, paciencia y mucha persistencia. Son como A Dee Ricks inesperadamente le llegó la crisis en que fue diagnosticada con cáncer de seno. Como madre y mujer tuvo muchas preguntas, pero debido al problema tuvo que cortarse un seno inmediatamente. Más tarde esta crisis y descontrol en su vida la llevo a nacer como una gran líder activista sobre el cáncer. En lugar de murmurar ella aprovechó esta desgracia y lo hizo al hacerse propagadora en cómo prevenir y buscar ayuda para el cáncer de mama. La conciencia hace que estas gentes descubran conozcan y usen las cualidades de un emprendedor, *la vida de un emprendedor*. Son personas enteramente conscientes de su potencial y de lo que pueden hacer de y en vida.

"La inteligencia es lo más puro de todas las cosas. Tiene un conocimiento total de cada cosa y es la máxima fuerza. – Anaxágoras.

Orgánicos

La famosísima Oprah Winfrey poco se puede decir de Oprah que ya no conozcas. Es una de las presentadoras de televisión más conocidas en el mundo entero; tiene programas, libros y ahora incluso su propia cadena de televisión. Pero sus orígenes fueron tan esplendidos y llenos de dinero. Su origen fue totalmente orgánico. Ella forjo su destino parándose sobre lo imposible. No tuvo su primer par de zapatos hasta que cumplió 6 años. Su madre era adolescente y soltera cuando la tuvo. No tenían dinero para alimentarse. Vivió en una pobreza extrema. Su ropa se la hacían con sacos de papas. Encima de esto sufrió abusos sexuales que a los 14 años le dejaron embarazada. Quien haya construido todo un imperio empresarial como ella es completamente ORGANICO.

Los emprendedores Inteligentes en su mayoría son orgánicos. Ser orgánico es muy difícil pero fácil. Ser orgánico es importante para no depender de dinero, escuela o sea títulos y otras cosas. Tienen el poder de permitirnos ser nosotros y no la sombra de otros. Hacemos nuestra propia IMAGEN.

"El hombre inteligente habla con autoridad cuando dirige su propia vida." - Platón

De este tipo de individuos hay muy pocos, como el 5 % de los humanos sobre todo y por todo son orgánicos al pensar, al crear, el vivir, al realizar, al practicar, el emprendimiento. Estos son los verdaderos emprendedores son inteligentes. La inteligencia siempre hará que seas la corona en todo.

Cualidades fundamentales de un emprendedor que es

tudiaremos, analizaremos, profundizaremos y aplicaremos para ser totalmente El **Em**prendedor **In**teligente en todo el libro y así SER UN *EMIN exitoso son*:

- Visión
- Liderazgo
- El espíritu emprendedor
- Meta
- Pasión
- Conocimiento
- Inteligencia
- Sabiduría
- Herramientas
- Dinero
- Sociedad
- Organización
- Idea
- Producto
- Sistema
- Empresa
- Plan
- Proyección
- Inversionistas.

"La inteligencia conoce todas las cosas y ordenó todas las cosas que van a ser y las que fueron y las que son ahora y las que no son." – Anaxágoras.

¿Qué tipo de Emprendedor eres? ¿Ignorante, Limitante, Imprudente o Inteligente?

Respuesta: _____

_____

¿Por qué esta respuesta?

_____

_____

_____

_____

_____

_____

_____

_____

_____

_____

¿Cómo puedes comprobar que eres lo que dices que eres, mínimo 3 razones?

_____

_____

_____

_____

_____

_____

_____

_____

_____

_____

2.

Formas de Mostrar Emprendimiento

Manifiesta Emprendimiento

"Emprender no es ni una ciencia ni un arte. Es una práctica" - Peter Drucker

Emprendedor manejador

Este emprendedor sin duda tiene el conocimiento y la capacidad de administración. Su problema es que es súper detallado y quiere seguir todo de acuerdo al manual, a los libros y su propio cerebro, no sale de allí.

Esta persona está muy interesada en su producto, servicio, sistema, programa - la empresa y no en las personas ni mucho menos en la clientela.

Emprendedor vendedor

Este personaje le fascina tratar con la gente, **pero no sabe nada** sobre administración, sin embargo, como le gusta vender, ofrece y siempre es exitoso en vender el producto, servicio, sistema o empresa diciendo lo que no sabe.

Excelente para dar la imagen y hasta exagera si es necesario con tal de vender. Pero como el anterior está limitado a eso. Para ser un emprendedor inteligente no solo necesitas vender aunque es necesario.

Emprendedor Técnico

Este individuo es bueno en conocimiento técnico, conoce el ABC del servicio, producto, sistema, empresa. Entiende las bases de lo que hace. De hecho, el es el autor de mucho de ello. Él o ella saben empezar cosas, empresas la fase técnica.

En otras palabras, tienen buenas ideas y hasta las empiezan, pero eso es todo. No saben de administración y sobre todo no saben vender. No son personas de publico, no tratan con las gentes. Son aislados y eso los mata como emprendedores.

Mujeres Emprendedoras

Tan diferentes como lo es el hombre y la mujer así en el emprendimiento. Aunque pocas son las mujeres que inician

39

esta vida cada vez más son más las que ingresan y viven una vida de emprendedoras.

A diferencia de los hombres las mujeres en el emprendimiento son mucho más detallistas y muy cuidadosas en los pasos que dan. Aunque bueno, no tan beneficioso porque se sueltan o invierten en su negocio pausadamente. Tienden a pensarlo demasiado. La perfección es su ilusión.

Hombres Emprendedores

Los hombres a diferencia de las mujeres son menos minuciosos, menos cuidadosos, por decirlo en pocas palabras tienden a ser imprudentes. Ellos como siempre, aunque con miedo en ocasiones, piensan, actúan, desean y buscan el problema. En su mayoría con los hombres es que no miden las consecuencias, no investigan lo suficiente. Se avientan con FE sin suficiente educación en el área.

Claro todo lo dicho es de manera general pero no de aquellos hombres y mujeres verdaderamente Emprendedores Inteligentes. En otras palabras, hay una gran línea de demarcación entre involucrarse en el emprendimiento y **ser un Emprendedor Inteligente**. Hay muy pocos, pero los hay mujeres y hombres que emprenden sabiamente poseyendo las cualidades que pagan ser emprendedor.

Emprendedor Inteligente

"Un emprendedor tiende a morder más de lo que puede digerir con la esperanza de aprender a digerirlo mientras tanto" - Roy Ash

Por lo contrario, **El Emprendedor Inteligente hombre y mujer es aquel** que ya sea por obligación, capacidad o aprendizaje se capacita para ejercitar todas estas características juntas y más. Estos son emprendedores inteligentes porque de la nada pueden iniciar su carrera. Pero de igual manera tiene la aptitud de educarse antes o después de emprender, estudian, analizan, investigan, tienen la capacidad de adaptación lo que es crucial en cualquier emprendimiento y unidos a los números, conocimientos de productos, y sin miedo a vender saben que tienen que saber un poco de todo al inicio, aunque en su momento saben delegar y así seguir creciendo su empresa.

El emprendedor inteligente conoce sus debilidades, conoce sus fuertes y aprende a desaprender lo que le impide avanzar, aplicar y duplicar sus entradas y aprende a crecer sosteniblemente. Sobre todo, se auto educa, está consciente de la importancia de un balance y lo encuentra y mantiene.

"Tu marca es lo que las personas dicen de ti cuando tu no estás en la habitación". - *John Pemberton*

Coca-Cola es una extraordinaria historia que muestra grandes facetas de lo que es ser emprendedor en la vida real. Fue creada el 8 de mayo de 1886 por el emprendedor John Pemberton en la farmacia Jacobs de la ciudad de Atlanta, Georgia.

Buscando suplir una necesidad hizo una mezcla de hojas de coca y semillas de nuez de cola quiso crear un remedio, que comenzó siendo comercializado como una medicina que aliviaba el dolor de cabeza y disimulaba las náuseas. Lo que logro y muchos fueron satisfechos.

Esta medicina inicialmente luego fue vendida en su farmacia como un remedio que calmaba la sed, a simplemente 5 centavos el vaso.

Aparece un socio llamado Frank Robinson quien le puso el nombre de Coca-Cola, y con su caligrafía diseñó el logotipo actual de la marca.

Esta bebida quita dolores de cabeza, nauces y mata sed llego a ser famosa en 1886 se le ofreció a su creador venderla en todo Estados Unidos. Pemberton aceptó la oferta vendió la fórmula y su empresa en 23.300 dólares y esto llevo a expandirse la empresa abriendo varias envasadoras en Estados Unidos.

El emprendimiento inteligente tiene excelentes resultados. Tanto fue el impacto que más tarde un grupo de abogados compró la empresa e hizo que Coca-Cola llegara a todo el mundo. Desde ahí la empresa se convirtió en The Coca-Cola Company.

¿Eres emprendedor? O ¿eres emprendedor Inteligente?

3.

Lo Que Debes de Saber Antes de Ser Emprendedor

La Vida de una Empresa

"Para tener una empresa recuerda el principio mariposa. Primero – Huevo. Segundo Oruga. Tercero – Crisálida. Cuarto – Mariposa, así con el emprendimiento, nada es de la noche a la mañana todo tiene un proceso." – Miguel Martin

Una de las primeras cosas, aunque simple y básico es bien importante entender y eso es que cada empresa tiene su propia vida, persona a desarrollar como cualquier otro individuo. Nace, se desarrolla, crece, es joven, comete sus errores en vida y llega a ser adulto, madura y así el ciclo de un ser humano. No varía. Si no tratamos y vemos a la empresa con esta analogía vamos a cometer serios errores como emprendedores que es lo que con este libro buscamos evitar de antemano.

Pensamiento

La ciencia que todo hombre debe estudiar si quiere emprender es El Poder del Pensamiento. El Pensamiento es una palabra muy poco estudiada y considerada como parte integral de los grandes eventos de la vida del hombre. En realidad, los pensamientos son el origen de todo lo que existe en el mundo. Este concepto es origen de Dios, Él mismo pensó antes de crear al universo, todo lo que nuestros ojos ven en la tierra, cielo, mar naturalmente Dios lo pensó y luego lo creó.

Nosotros somos su pensamiento en acción. Así es con el hombre todo lo que ves es inventado, realizado y creado en el mundo del hombre originó en el pensamiento. Buda nos dijo: "Nosotros somos lo que pensamos. Todo lo que somos comienza con nuestros pensamientos. Con nuestros pensamientos, hacemos nuestro mundo." Este concepto, aunque sencillo solo radica en los pocos que han hecho del mundo su escuela y oportunidad de realizarse y lograr ser una bendición a la humanidad.

El pensamiento no sólo es una palabra que debe estudiarse sino en la universidad de los grandes es una ciencia que a todos les haría bien estudiar y lograr un doctorado en ella por experiencia propia. El consejo que tenemos es entonces que en todo ser humano, "La escoria de los principios y las prácticas dudosas, debe ser barrida. El Señor quiere que la mente se renueve, y que el corazón sea lleno de los tesoros de verdad." (Mente Carácter y Personalidad pg. 37.)

Toda ciencia es la materia que explica la razón de la existencia de cada elemento, creación, formación y posibilidad. El pensamiento como ciencia es elemental en el código de toda posibilidad pues él es el padre de todo lo que fue, es y será mientras estemos en este mundo.

¿Aprecias el pensamiento como un poder? ¿Sabías que es una materia que debe estudiarse? ¿Has dedicado tiempo al estudio del pensamiento como una ciencia de las grandes posibilidades? ¿Empiezas a conocer el código?

Idea

"Saber es poder" (Aristóteles.)

"La mente será de igual carácter que aquello de que se alimenta; la cosecha, de igual naturaleza que la semilla sembrada." (Joyas de los Testimonios tomo 2 pg. 453.) Todo concepto expresado, acción, proyecto y cosas hechas son en sí ideas en acción, pero la gran verdad es que no hay acción si no hay ideas. Aun lo que hago en este libro, hablar, escribir de estas cosas en si es gracias a las ideas. Es poderoso entender que las ideas surgen en cualquier momento, aún en el azar aunque muchos no lo piensan así. Las ideas que valgan la pena, ideas que dan cosecha son aquellas que nacen no de la mente por casualidad sino del pensamiento maduro.

Las ideas son pensamientos maduros. Todas las ideas surgen de ese pensamiento que no vagó en el espacio de la pereza, las ideas con futuro son aquellas que vienen a la existencia por seres humanos conscientes del poder del pensamiento. Por eso un gran pensador dijo sin equivocarse, "Nada hay en la mente que no haya estado antes en los sentidos." (Aristóteles.)

Lo que me encanta de esto es que Dios no solo nos dio un cerebro a ciertas personas sino que todos reciben esta gran bendición. Nadie tiene excusa pues todos tenemos la fuente de un buen pensamiento – el laboratorio de muchas, grande e interesante ideas, la mente.

"Es evidente que hay un principio de conexión entre los distintos pensamientos o ideas de la mente y que, al presentarse a la memoria o a la imaginación, unos introducen a otros con un cierto grado de orden y regularidad." (David Hume.) Pero también la falta de esmero y ociosidad es el padre de una vida sin rumbo. "A fin de llegar a la raíz de la intemperancia, debemos ir más allá del uso del alcohol o el tabaco. La ociosidad, la falta de ideales, las malas compañías, pueden ser las causas que predisponen a la intemperancia." (La Educación pg. 202, 203.) Gente tal no tiene ideas, no sabe que quiere y sobre todo es una nube en la vida.

La idea en realidad es un pensamiento con vida, con pies, con posibilidad de existencia en potencia. Cuando sabes que las ideas están a la mano de todos entonces tú no dejarás al azar tus pensamientos. Entonces tienes, si quieres el poder de ser engendrador de ideas con futuro. Porque. "Todo lo que hay en la realidad es el resultado de una idea previa, aún así lo fue en la mente de Dios en el inicio de los tiempos." (Raimon Samsó.)

Inicio

Una vez tenga la idea madura ahora toca darle vida. Darle existencia. Traerla a la acción y eso es darle inicio al negocio, producto o empresa. Así de simple debe iniciarse el emprendimiento. No te envuelvas en que no tengas esto o aquello. He aprendido que por más que uno estudie el asunto o evalúes tus fondos la clave de todo emprendimiento es eso emprender, iniciar el proyecto.

Este inicio bien puede involucrar:

- Escribir la idea.
- Escoger producto
- Estudiar mercado
- Investigar competencia si la hay

Esta es la fase que muchos temen y algunos se pasan años para dar este paso. Pero en todo una vez convencido debe iniciarse ese emprendimiento que termina si se es educado, disciplinado y persistente en producto, sistema o empresa.

Fundación Parte 1

La vida de una empresa también involucra poner la fundación eso no es otra cosa que establecer de manera clara que se necesita para comenzar este sueño, visión, deseo, ideal, concepto etc. Como fase uno sugerimos.

- Tipo de negocio.
- Mercado.
- Producto.

Fundación Parte 2

La vida de una empresa también involucra poner la fundación eso no es otra cosa que establecer de manera clara que más se necesita después de la fase 1 para continuar este sueño, visión, deseo, ideal, concepto etc. En Fase dos sugerimos:

- Tipo de Organización.
- Capital que se necesita.
- Lugar de producción.
- Sistema que se usará.
- Oficina física o en línea.
- Empleados, etc.

Crecimiento

Una vez esto esté establecido viene el proceso del crecimiento. Repito entramos al proceso del crecimiento y debemos mantener en mente que esto no será de la noche a la mañana. Tal cosa no existe. En los negocios exitosos ese no es lujo que se pueden dar los emprendedores inteligentes. El proceso del crecimiento involucra:

- Publicidad / promoción - a promoverlo,
- Cuál será la estrategia y medios.
- Vender - venderlo y rectificar sus fundamentos hasta que la empresa esté bien establecida.

El emprendedor inteligente de antemano comprende que este proceso por más convencido que este y por más que posee todas las herramientas tendrá sus pruebas, conflictos, obstáculos que en muchas ocasiones no se tenían en cuenta. Así que ya en este emprendimiento se requiere mucha atención y dedicación hasta que la empresa se establezca totalmente. Esto lleva de 1 a 3 años. Este tiempo requerirá inversión, gastos, fondos para hacerla crecer. Tengamos cuidado de tirar la toalla cuando estamos a punto de ver crecimiento, esto es lo que hacen los emprendedores mediocres.

5 – 8 años

Del crecimiento a la estabilidad puede estar entre los años 3 a 5 años de los 5 a los 8, o 10 años la madurez es a este punto que tienes una empresa estable y en su mayoría totalmente rentable. Su logro requiere más que educación, producto y la empresa dependerá bastante de la inteligencia aplicada a cada paso.

Estás listo para esta experiencia o solo has estado jugando. Las empresas de éxito son iguales a los seres humanos, nacen y crecen, necesitan mucha nutrición y cuidado inteligente. El cómo se desarrollen dependerá totalmente de los padres que este caso es el Emprendedor o emprendedores involucrados.

Delegación

Cuando la empresa ha sido totalmente establecida entra a otra fase y es la que permite o debe el emprendedor delegar, o sea a este punto se a sembrado el árbol, el árbol ahora da frutos y este es tiempo de avanzar a la siembra de otros árboles en la vida de la empresa.

Esta delegación es la experiencia de los emprendedores inteligentes. Los emprendedores corrientes intentan, o hacen una empresa, pero se estancan y ese fue su fin de vida. En cambio, el emprendedor inteligente de antemano sabe que el solo es creador, fundador y seguirá realizando esta razón de vida involucrando a otros para ir más lejos.

Delegar claramente quiere decir involucrar a otros que tomen responsabilidad para que él o ella como emprendedores tenga tiempo libre para entrar a otras aventuras de la vida. El emprendedor que se educa y organiza puede hacer esto a muy temprano del tiempo de su empresa, y eso le permitirá mucho crecimiento si lo hace inteligentemente.

Vender o Expandir

Ya una vez la empresa está establecida, vendiendo o produciendo los resultados deseados, ahora el emprendedor inteligente tiene dos opciones

Expandirse.

Vender la empresa si esto permite ir a otros niveles de tu vida.

Esto simplemente quiere decir que todo lo que nace crece y se REPRODUCE. En pocas palabras este es el ciclo de una empresa.

Si no comprendes que un producto, servicio, sistema, empresa tienen un proceso de vida no emprendas ya que perderás, tiempo, dinero, y tu vida en algo que solo traerá grande desilusión y confusión. Emprender es un asunto de toda una vida y no unos intentos.

El Valor del Tiempo

"¿Amas la vida? Pues si amas la vida no malgastes el tiempo, por que el tiempo es el bien del que está hecha la vida."
- Benjamin Franklin

Tiempo

Todo emprendedor necesita entender que va a requerir **mucho tiempo** para su emprendimiento y por lo tanto debe tenerlo. *El tiempo no es un lujo, es una herramienta que necesitan asegurar para trabajar con éxito.* Muchísimos fracasan no porque el emprendimiento sea malo si no porque ni siquiera se dieron cuenta que necesitaban **suficiente tiempo para dedicarlo** al negocio, al emprendimiento o empresa.

No comprender esto – que el tiempo es crucial con anticipación hace que muchos se metan en problemas innecesarios ya que no razonar esto de antemano hace que tengan problemas con la familia a quien jamás se le educó a que esta nueva vida requeriría de la mayor parte del tiempo del emprendedor. Dejando claro que esto solo debe ser por un tiempo, especialmente en el inicio.

También esos familiares, problemas y esas cosas que, aunque piden tu presencia y tiempo no siempre son rentables ni necesarios asistir. Si de verdad estas serio en tu visión, sueño y emprendimiento la regla es simple: "SI NO proveen lo que necesitas para tu emprendimiento y lograr tus sueños NO PUEDES DARTE EL LUJO de ESTAR ENVUELTO CON ELLOS O ESO que hará que tu pierdas tiempo."

Los emprendedores INTELIGENTES no solo aseguran y tienen tiempo, sino que APRENDEN A utilizarlo inteligentemente. Ellos saben decir NO a lo que les quita tiempo como:

- Fiestas.
- Cumpleaños.
- Juntas innecesarias.

- Ver Noticias TONTAS.
- Ver Películas ESTUPIDAS.
- Ver Novelas **ESTUPIDAS**.
- Pelear por todo y con todos (especialmente con la pareja). ¡Eso como roba tiempo!
- Chismear de lo que no te importa. De hecho, todo chisme jamás importa.
- Dedicar tiempo sagrado a Redes sociales para ver la vida de la gente que nunca cambiará de vida ni estarán interesados a tus servicios, productos y mas.

Los emprendedores INTELIGENTES aprenden a decir SI a lo que:

1. Es importante.
2. Relevante.
3. Necesario.
4. Educativo.

Generador de ingresos.

Como emprendedor tienes que hacer una evaluación de tu situación y de cuánto tiempo requerirá tu nuevo emprendimiento, empresa, producto, sistema, servicio etc., antes de emprender y luego planificar para ejecutar con destreza, con anticipación para no lamentar después y así crear algo con resultados y rentable.

Planear

"Tu tiempo es limitado, así que no lo malgastes viviendo la vida de otro,...Vive tu propia vida. Todo lo demás es secundario."
- -Steve Jobs (1955-2011)

Los que comprenden el valor del tiempo *deben aprender a planificar su vida, sus deseos, sus sueños.* Por lo tanto, lo más pronto inicies a planificar tu emprendimiento, producto, servicio, sistemas o empresa será bueno para tu éxito como empresario. De otra manera nunca serás serio ni tendrás crecimiento, forma de evaluar, y estabilidad.

Especialmente considera el tiempo que llevará:

- Pensar en el negocio, producto, servicio o empresa.

Lo Que Debes de Saber Antes de Ser Emprendedor

- La creación del negocio, producto, servicio o empresa.
- Presentación del negocio, producto, servicio o empresa.
- Marketing del negocio, producto, servicio o empresa.
- Juntas por el negocio, producto, servicio o empresa.
- Visión y expansión del negocio, producto, servicio o empresa.

Considéralo esto en horas diarias, Días de la semana, meses y años. Nunca tengas miedo de planificar a corto y sobre todo a largo plazo. Los negocios son como el matrimonio a menos que no firmes el contrato no hay boda, no hay hogar no hay esposa. Tienes que comprometerte con tu producto, servicio o empresa al 300%.

Agenda

"El tiempo es la cosa más valiosa que una persona puede gastar." Theophrastus (300-287 a.C.)

Los grandes empresarios son fieles en usar una agenda. Ellos agendan todo lo que hacen desde algo diario a algo de 6 meses, 1 año, 5 años, 10 años etc. Hacer todo esto hace de manera general que el tiempo tenga respeto en tu vida y es totalmente rentable.

Si agendas, todo tendrá su lugar y tu estarás en tu lugar, dirigiendo tu empresa, no tapando hoyos, desgracias y cumpliendo el papel de mil usos. Agendar es divino, es ser organizado y la empresa crece, avanza, logra su objetivo. Recuerda el tiempo cuando inicias un producto, servicio, sistema, una empresa y al estar en ella no es un lujo que te puedes dar es una herramienta que debes usar inteligentemente para ser totalmente productivo.

"Un hombre que se permite malgastar una hora de su tiempo no ha descubierto el valor de la vida." - -Charles Darwin (1809-1882)

Un Estilo de Vida

Algo que raramente se considera a conciencia es que el emprendimiento no es un lujo, vacaciones, un momento, un paseo o intento, nada de eso. El emprendimiento es un total Estilo De Vida. Un policía no es un empresario, un maestro de primaria no es un ministro de iglesia. Un jardinero no es un político. Una instructora de salud no es una contadora. Todo *ser* en su especie, en su área, en su atmósfera, en su propio mundo y profesión.

Mark Adrew Spitz Consiguió 7 medallas de oro en los Juegos Olímpicos de Múnich 1.972, batiendo el record mundial en cada uno de sus triunfos. De esta manera llego a ser el primer atleta en la historia de los juegos olímpicos en conseguir dicha hazaña en una sola edición, tenía un estilo de vida que pago con este estilo de vida campeón, éxito, triunfo y plena victoria. Metafóricamente somos como un atleta, si no vivimos la vida como de un atleta ¿qué somos? Los resultados de un atleta no son un suceso, no son un milagro, no existen el azar, simple somos el resultado de un estilo de vida.

El espíritu del emprendimiento requiere entonces realizar una evaluación *del sí poseemos, no poseemos o cómo tener características fundamentales de un emprendedor exitoso*:

- **Mente.** La mentalidad necesaria *del Emprender Inteligente.*
- **Carácter.** El carácter *del Emprendedor Inteligente.*
- **Capacidad.** Las Capacidad *deEmprendedor Inteligente.*
- **Talento.** Los talentos *del Emprendedor Inteligente.*
- **Don.** Los dones *del Emprendedor Inteligente.*
- **Hábito.** Los hábitos correctos *del Emprendedor Inteligente.*

- **Disciplina**. Las disciplinas necesarias *del Emprendedor Inteligente.*
- **Visión**. La visión *del Emprendedor Inteligente.*
- **Meta**. Las metas *del Emprendedor Inteligente.*
- **Vida**. El Estilo De Vida DIFERENTE *del Emprendedor Inteligente.*

Si al leer este libro encuentras que no posees estas características de emprendedor entonces tienes dos opciones:

1 – Cambiar de profesión o sea dejar *este estilo de vida* de intentar ser emprendedor.

2 – Aprender, descubrir, aplicar estas cualidades que son posible poseer con visión y determinación de lo que quieres como emprendedor.

Nunca olvides y aprende desde antes de comenzar que emprender no es un momento de motivación e idea vaga, emprender inteligente es *un total estilo de vida diferente.*

EXISTENCIA

Establece Una Razón de Vida

"Todo aquel que tiene una razón para vivir puede soportar cualquier forma de hacerlo." -Friedrich Nietzsche

Una vez **la conciencia ha despertado,** tenemos que darle, escoger o reafirmar visión, rumbo, razón a nuestra existencia. Hay dos días especiales en tu existencia 1 – cuando naciste de tu madre y 2 – cuando naces por tu cuenta y elección al mundo, a la vida, a la realidad, a tu potencial y capacidad.

El primer nacimiento es impuesto, el segundo es una elección y decisión, tu decisión. El día que uno nace Dios ordena en nuestra alma y existencia "Sea la luz y hubo luz" – Génesis 1:3, ahora vemos todo lo que no hacíamos, lo que podemos realizar por la Luz Divina Interna en nosotros nos hace ver las tinieblas que nos tienen atrapados en mediocridad. No hay excusas ya que todos en esta tierra comienzan con el mismo **capital**.

Escrito esta "Aquella palabra era la Luz verdadera, que alumbra a todo hombre que viene a este mundo." – Juan 1:9. Entonces te digo: Descubre tu Luz y úsala para encontrar tu razón de existencia. Nadie puede hacer esto por ti. Esta es la gran razón que todos aquellos que se encuentran trabajando en mercados, Taco Bell, en alguna posición gubernamental, cortando pasto para otro, limpiando baños, casas a los ricos, recogiendo excremento de perro o han descubierto que ese es su llamado de vida que lo dudo o siguen dormidos a su potencial y verdadera razón de vida.

La gran diferencia entre nosotros y los animales solamente es el poder de razonar, para entender lo que digo solo tienes que ver qué es lo que tiene una cerda y un caballo notarás que tienen todo lo que tiene una mujer y hombre físicamente menos la capacidad de razonar. **Quien teniendo la capacidad de razonar y elegir y no lo hace no es más que un animal con cerebro pero sin usar.** De estos hay muchos en el mundo, en las universidades, en las iglesias, en la sociedad y están influenciando a muchos con sus palabras negativas, conducta desmoralizadora, conceptos errados, les fascina justificar su pobreza, demandan compasión de todos y son necios cuando se les trata de hacer ver su mal y despertar conciencia a sus grandes posibilidades.

Entonces para usar al máximo lo que ya tenemos uno tiene que preguntarse obligatoriamente si de verdad quiere cambiar de vida, darle razón a nuestra existencia y ver éxito, ¿Por qué existo? ¿Cuál es mi razón de existencia? ¿Cómo puedo cumplir con misión de mi existencia? ¿Mi vida es un destino o una elección? ¿Vine a pasear en el mundo o producir bendiciones? Si nuestras respuestas a estas preguntas no son claras, sensatas y con resultados que bendigan a la humanidad tengo que informarte que llevas toda tu vida vagando en el mundo sin ninguna razón y meta válida para vivir. Y vas a la tumba sin haber descubierto tu razón que el cielo te trajo al mundo. ¡Qué desgracia y pérdida!

Claramente se ha dicho que: "El secreto de la existencia no consiste solamente en vivir, sino en saber para que se vive."- Fiodor Dostoievski. Nota que descubrir nuestra razón de existencia es un secreto, la mayoría esta absorto en cosas, eventos, logros, chismes, dinero, empresa, negocio, ideas de otros que no saben porque ellos existen. ¡Dios ayúdanos a despertar! Por favor en este momento la única manera de despertar a tu conciencia es que la tomes y la sacudas, despiertes y le preguntes ¿Por qué nací? Y esto no es metafórico, es literal ponte las manos en la cabeza y has la pregunta. Luego extiende tus manos y pregunta. ¡Finalmente vuelve a poner tus manos en el corazón y pregunta audible y fuertemente! Y no es hasta que tengas una razón CONCRETA no has despertado. ¡Encuentra tu razón de existencia ahora!

No tienes que mentirte más evalúa tu vida y asegúrate de que estás contento o no, satisfecho o no, realizado o no. Nada forzoso, tienes que ser realista y honesto. No estar realizado en la vida en toda área moral, familiar, personal, económica, profesional, solo te da el valor de un gusano que solo existe para consumir y jamás producir. ¿Esta persona existe, pero quien lo sabe?

"Un instante de lucidez, sólo uno; y las redes de lo real vulgar se habrán roto para que podamos ver lo que somos:

ilusiones de nuestro propio pensamiento." - Emil Cioran (1911-1995) Escritor y filósofo rumano.

Para dar un paso inteligente entre lo que eres y puedes llegar a ser, tienes que detenerte dejar de hacer cualquier cosa que estés haciendo en este momento y enfocarte en lo siguiente y contestar: ¿para qué existo? No leas más hasta que estés satisfecho con tu respuesta. Allí empezarás una experiencia que tú mismo te sorprenderás cuando encuentres "tu porque existo." Entiende que una vez hagas este ejercicio mental debes proceder con escribirlo. Hazlo cuantas veces quieras que al principio será difícil pero encaminado en ello te sorprenderás de tus respuestas y sé que encontrarás tu razón de existencia.

Los que viven vidas exitosas tienen bien claro quiénes son y porque existen. Jesús el gran maestro claramente dijo "Yo Soy Jesús." – Hechos 9:5. Sabía quién era, sabe quién es. No descubrirás tu razón de existencia sino estas dispuesto a tomar responsabilidad y cumplir esa misión.

En mi caso no fue sino hasta que me hice esas preguntas que desperté y encontré la razón de mi existencia a los 14 años de vida. Siendo que estaba en todo inclinado a tratar con personas, en casa, la escuela, iglesia, negocios y el factor de todo esto era comunicar conocimiento, la influencia, las palabras descubrí que estaba llamado a ministrar a la humanidad con el don del habla, con el poder de la influencia y el poder de la escritura con todo ello sembrando semillas de conocimiento, esperanza, posibilidad y las grandes oportunidades que todos tenemos.

Con todo este proceso en mi vida y respuestas a estas preguntas me encontré con el proyecto de mi vida servir, agregar valor, inspirar a la humanidad. Esta visión la que más tarde bautice como MMEC - 'Miguel Martin Education Center'. Donde mi visión, misión y lema es:

Visión: "Sembrar semillas de esperanza, posibilidad y oportunidad en cada humano con el que me encuentre."

Misión: "Servir a la humanidad, ayudándola a tener nuevos paradigmas mental, espiritual, emocional y físico. Inspirar un mejor y productivo futuro ayudándoles a vivir un presente con sentido."

Lema: "Despertar Conciencias, Educar Líderes, Creando Futuros."

Todo lo que hago con mi empresa, tienda, radios hoy día, presento en seminarios, charlas, actividades, libros en audios, videos, programas, redes sociales, conversaciones, cartas, emails está relacionado a Educar, Despertar y Crear a un nuevo pensamiento, nueva persona y vida. Emprendimiento no solo es dinero es más que eso, es un nueva vida y futuro con mucho dinero.

Si gustas puedes leer más de mi historia en mi libro Como Joven Cristiano Caí Pero Me Levante y El Código de Toda Posibilidad – **www.miguelmartin.info** Una vez descubierta mi razón de existencia empecé a vivir y vivir exitosamente, con mucho sentido. Esta es la única razón que estoy aquí y me he convertido en algo que trae bendición - *despertando consciencias a su potencial* y el cómo pueden llegar a ser lo que Dios quiso desde el principio para ellas, ¿cómo? Sembrando **semillas de esperanza** en cada ser humano que me encuentro en el camino.

Encontrar la razón de nuestra existencia hace que la vida tenga valor, razón y de esta manera uno ya no tiene tiempo para chismes, problemas creados por celos y envidia insensata. Y la simple razón es porque quienes saben que existen están tan ocupados que no tienen tiempo para la mediocridad y pérdida de tiempo, roba sueños, visión y misión.

Jim Rohn en el tema nos dice: "La pregunta más importante para hacer en el trabajo no es "¿Que estoy ganando?" la pregunta más importante en realizar es "¿En qué me estoy convirtiendo?"

Amigos, la vida es corta y la mayoría jamás la prueba un poquito. Lamentablemente muchos se quedan sin descubrir por qué existen menos cumplir su razón de existencia. Esta es la razón que la mayoría de personas y naciones, políticas, conceptos en su mayoría son socialistas, comunistas y pobres creen que todos somos iguales, necesitamos lo mismo y que podemos vivir sin mejoría sino a la merced de la circunstancia.

Echa un vistazo y nota que en todos los países que creen en Dios y el evangelio veras su prosperidad en todo, son naciones civilizadas, pero donde se ha negado a Dios son naciones no desarrolladas, no civilizadas y totalmente sangrientas, pobres en su mayoría y atrasados en el desarrollo personal. No entienden del potencial del humano y los tienen a todos con un cinto en una mano y en la otra una manzana con chocolate en la punta para motivarlos.

Dios creó a cada humano, especialmente los que profesan conocerlo a ser "cabeza" en todo no "colas" lo que la mayoría se ha vuelto en la vida. Deuteronomio 28:13. Deja de ser cola y conviértete en cabeza en tu vida, en tu comunidad, en tu hogar, en tu iglesia, en tu emprendimiento. Pero esto solo puede lograrse cuando se encuentra con la razón de nuestra existencia, tu existencia, tu PROPIA VIDA.

He escrito este libro porque sé que aún hay oportunidad para ti para cumplir tu RAZON en esta vida. Emprender es eso manifestar a la humanidad tu razón de existencia en productos, servicios, sistemas, programas, empresa etc.

Tú debes estar claro porque estás aquí en este mundo si quieres disfrutar el éxito y cumplir tu razón de existencia. Créeme una vez encuentres tu razón de vivir la vida será una delicia e inspiración siempre de algo mejor.

En ese descubrimiento nacerás orgánicamente, ¿por qué? Porque nadie puede ocupar tu lugar, tu talento, tu persona y por lo tanto todos podemos ser orgánicos en lo que es nuestro llamado, vocación, creación, invento, servicio, ministerio, profesión, EMPRENDIMIENTO etc.

Por lo tanto, para lograr y vivir al 100 % nuestro propósito es importante que cuidemos la base de control de toda nuestra vida – la mente, apreciar y usar todo lo que tenemos – la voluntad, nada de esto se puede y se goza si no hay salud, quien posee salud puede todo y vive todo porque Dios está presente, recuerda Dios solo vive en gente viva, totalmente viva.

Te afirmo que cuando uno se encuentra con SU RAZON no solo la vida llega a tener sentido, propósito, visión, sino que esa misma experiencia milagrosamente te trae a una posición donde recibes o puedas suplir todo lo que necesitas, deseas, sueñas y vienen con creces. Por eso es que, si analizas bien sólo la gente que está viviendo su llamado, su razón de existencia no solo son felices sino satisfechas y aun sus riquezas aumentan en todo. No debes emprender si no estás claro en tu razón de existencia. Perderás tiempo y dinero.

Preguntas y Pensamientos que pueden guiarte a encontrar tu RAZON DE VIDA:

- ¿Por qué existo?
- ¿Para qué existo?

- ¿Cuál es la razón de Dios al Crearme?
- ¿Son todos los humanos robots?
- ¿Qué me hace diferente a los animales?
- ¿Qué me hace diferente a los demás humanos?
- ¿Sera que todos nacimos solo par a procrear hijos?
- ¿Sera que todos solo nacimos para llorar, comer y dormir?
- ¿Qué dones y talentos tengo que me hace diferente a los demás?
- ¿Qué conocimientos poseo que me forma y hace diferente a otros?
- ¿Por qué puedo pensar o razonar?
- ¿Cómo puedo usar mi capacidad de razonar para elegir mi razón de existencia?

Una manera simple para descubrir tu llamado, tu razón de existencia es que debes investigar y ver a que estás inclinado, que te gusta hacer, de que te gusta hablar, que te gusta leer, que profesión escogiste u oficio.

Te gusta la música, entonces tal vez viniste a contribuir con música para alegrar la existencia de otros.

Te fascina la naturaleza es posible que eres creado para hablar de las maravillas de la creación, ser poeta para inspirar a otros y hacer que este mundo sea la bendición por la que fue creado.

Si te gusta hablar no dudes que has llegado a este mundo con misión de suma importancia, *ser un comunicador* ya que el habla es un don para traer mensajes a la humanidad, escoge tu razón y dilo al mundo.

Eres tocado, influenciado cuando alguien es abusado entonces tal vez eres el ángel guardián de la humanidad. Establece centros de ayuda, consejería etc.

Si tu inclinación es la comida, la cocina y eres creativo con ella creo que tienes la bendición de enseñar a otros como comer mejor, sanamente, con gusto e inteligencia.

Te fascina las cosas religiosas, te gusta compartir el conocimiento de Dios entonces tienes el llamado a ministrar, pastorear enseñar etc.

Si te gustan las letras es posible que eres llamado escribir libros, explicar, inspirar, enseñar, educar con la letra.

Te atrae todo lo que es comercio. Te han dicho que eres un buen vendedor o que les deleitas con esas empanadas, tamales, bebida etc. Entonces sin miedo empieza tu propio negocio o empresa.

Te llama la atención la condición de la sociedad y te gustan las leyes tal vez tienes una misión en la política o jurisprudencia.

Eres creativo, siempre estas inventando cosas o eres un inventor o emprendedor.

Te gusta y atrae el dinero. Posees dinero, le das el valor correcto, conoces como administrarlo, invertirlo, sabes cómo multiplicarlo no dudo que eres llamado a ser un inversionista, consejero en economía. Algo que carece mucho nuestro mundo.

Te gusta todo lo que es imagen, fotos, etc. Entonces considera el mundo de la fotografía. Una imagen dice más de lo que un libro podría decir.

Te fascinan los niños, jóvenes, adultos y siempre estas con ellos enseñando o sirviendo entonces tienes el llamado a ser maestro, consejero, psicólogo, entrenador, etc.

Esta es la manera más fácil de descubrir nuestra razón de existencia de otra manera podemos por nosotros mismos escoger una y trabajar en ella, adquirir la educación, lograr los hábitos, establecer la disciplina hasta llegar a serlo. El punto es que de cualquier forma uno puede descubrir o escoger una razón de existencia. Pero sin ella o estamos dormidos para entrar en coma en existencia o estamos a punto de morir sin descubrirlo. ¡Qué perdida!

La regla es: si estas existes, naciste, traes contigo alguna semilla, talento, don, capacidad, razón de existencia, poder para bendecir que nadie más puede proveer, solo tú.

5

El Emprendedor es un Líder

El Emprendedor es un Líder

Los emprendedores deben de tener la capacidad de manifestar liderazgo o aprenderlo para poder dirigir su empresa, producto, servicio o sistema. Quien no lo sea tendrá más obstáculos y objetividades en su experiencia que lo destruirán sin saberlo.

Te tengo la historia de Grant Cardone empresario exitoso hoy día. Pero sus inicios demasiado desastrosos. Malo en la escuela, adicto a las drogas que termino en un centro de recuperación. Le dijeron que nunca triunfaría y que dejara esas tonterías de ser famoso – el mejor vendedor del mundo y millonario. Hoy día es hombre de familia, de negocios, ganancias en millones por venta, y el mejor vendedor del mundo. ¿Por qué? Porque logro dirigir su propia vida, fue de esta manera que salió de las drogas, conquisto a la mujer que tiene a su lado. Por medio de liderazgo inteligente creo lo que ahora posee un imperio de impacto mundial con todo lo que posee.

¿Quién es un líder?

De manera general toda persona que *puede tomar decisiones e influencia* en su propia vida y a otras personas es un líder. Todos soñamos, anhelamos, planeamos con ser algo en la vida, pero muchos nos estancamos y muy pocos, recordamos los sueños, peleamos por los suspiros, logrando los anhelos y metas.

El mundo está lleno de personas que quieren ser algo en su vida, emprender algo, ocupar puestos en la sociedad, lograr fortuna y tener éxito en la carrera de su profesión. Pero mueren en el "querer" sin haber logrado el "hacer". Solo intentan si es que lo hacen.

Estos individuos no viven lo que dicen que quieren y así no lo experimentan. ¿Este tipo de personas son líderes? Claro que no. ¿Pueden **llegar a ser** líderes? Indiscutiblemente sí. Pero para ser líderes hay una escuela que asistir que se llama **Despertar Conciencia**.

Especificando un poco más el asunto en esencia diríamos que un líder se distingue de los demás por su personalidad, cualidades y sus objetivos estos dirán mucho de quien es él. Este tipo de personas con tendencia al liderazgo o deseo de avanzar al frente de su vida o empresa, cuenta con las siguientes cualidades muy indispensables, aunque esta lista no es única.

Todo depende y se reduce a la convicción personal expresada a favor de los demás. En seguida comparto lo que creo que no debe faltar en los que anhelan o buscan ser líderes y mejorar su liderazgo para su vida, emprendimiento y sobre todo su empresa.

De manera clara y sencilla un líder es alguien que:

* Sueña.
* Propone.
* Dirige.
* Logra.
* Motiva.
* Aspira.
* Planea.
* Conoce.
* Ama.
* Influencia.

Sueña

"El pensamiento, la visión y el sueño siempre preceden a la acción." Orison Swett Marden

Todo en la vida tiene un origen, como la vida misma. La vida de *un algo* tiene su inicio en la mente. La mente es la ciudadela de grandes deseos, intenciones y sin duda algunos emprendimientos. La mente ha sido y será siempre la fuente de los más grandes eventos de la humanidad, ya sea en el ámbito de la ciencia, el comunismo, la democracia o la maldad. Allí empiezan las grandes empresas, esos productos que revolucionan, sistemas que ayudan y sostienen la vida de muchos otros.

Otros factores son parte de estos hechos pero de alguna u otra forma la mente es el estadio del juego o el laboratorio de los libros, planes, resoluciones, proyectos y consecuencias futuras, etcétera.

Ningún hombre es capaz de desarrollarse a menos que las facultades mentales estén activas y funcionando al máximo en busca del cumplimiento de lo deseado o propuesto en su mente. Es esencial entonces que apreciemos la capacidad que poseemos al tener una mente sana.

Aquí está el inicio del sueño, ese deseo que nace en un pensamiento, llámese visión, ambición o resolución; todo está en la mente. Lo más interesante de todo es que todos podemos soñar. John C. Maxwell expresó: *"Creo que cada uno de nosotros tiene un sueño en su corazón"*. Esta es una verdad que todos debemos siempre recordar. Por lo tanto emprender no es imposible pero si necesita la educación necesaria para utilizar bien las herramientas comenzando con La MENTE.

El soñar no es una gracia o gran talento adquirido por la casualidad. Dios nos ha provisto a todos de esa bendición, aun de poder ejercerlo. Soñar no es otra cosa que dejar que la misma naturaleza, implantada en nosotros por Dios *se active* en un pensamiento, ese pensamiento en un deseo y ese deseo en un EMPRENDIMIENTO y ese acto DE EMPRENDER en una realidad. Como vemos es una cadena experimentada por uno mismo lo que produce un hecho alcanzado.

El soñar no tiene límites. Todo lo contrario, el soñar es tan profundo que la misma mar no le limita sus profundidades, es tan extenso como el mismo universo que puede llegar hasta Dios mismo. Es tan necesario como el aire mismo. Esta es, la clave de cualquier posibilidad en la vida. Porque, "los sueños con el futuro son más valiosos que la historia del pasado". Escribió John Mason.

Ese pensamiento, idea o como le llamo aquí es un sueño, es eso que empieza en la imaginación. La mente es la cuna de grandes eventos, fue el inicio de la historia pasada y todavía por lo que debe escribirse. Y si estás leyendo este libro, es la cuna para tu deseo de emprender.

Esta capacidad llamada soñar es lo que otros le llaman, *crear visión* antes de tener una misión. Es lo que se ha puntualizado como *un pensar con sentido*. Otros le llaman, *el silencio de un nuevo comienzo*. Llámele como mejor guste, el soñar es la voz de su corazón. El soñar es el resultado de todo pensamiento, es sin duda alguna la gran posibilidad con potencial de servir a su favor. El soñar creó imperios, libros, empresas, iglesias y éxito como también errores, fracasos y malos cálculos.

Para poder soñar se necesita una mente, facultades sanas y la iniciativa personal de ponerse la mente en acción. Esto no ocurre en tiempo específico. Se manifiesta en momentos inesperados. Ocasiones no común a la rutina. Es manifestada en la soledad o en el banquete. Su tiempo es cuando tú lo reconoces y quieres. Su lugar es la ciudadela de tu ser. El que lo organiza es tu voluntad. Entendamos entonces que el soñar nace en la mente. La inspiración se forma en la mente así entonces si quieres puedes soñar y tener.

John Maxwell expresó: "Atrévase a soñar y a actuar ese sueño. Hágalo a pesar de los problemas, circunstancias y obstáculos. La historia está llena de hombres y mujeres que enfrentaron la adversidad y, a pesar de ello, alcanzaron el éxito."

Entendamos que un sueño no necesariamente es bueno, todo depende de la persona. Nadie por más educación e influencia que tenga de algunas otras fuentes forja su sueño. El formador de él eres tú y solo tú. ¿Cuál es tu sueño? Si lo identificas entonces sabrás si es, puedes o serás un líder y lo grande de él identificará tu potencial. Como el no hacerlo te mantendrá donde estas, entre todos, un seguidor. Los líderes son creadores de sueños, son buenos emprendedores, los seguidores solo siguen.

¿Cuál es tu sueño como emprendedor?

Propone

En la cadena del desarrollo de un líder, el sueño viene a ponerse en moción. No sólo debe soñarse, pensar y escribir lo que se desea. **Toda la información formada en mente debe llegar a ser acción.** La acción de lo que se sueña no es el resultado de la casualidad sino de la voluntad de uno *en acción*.

La voluntad del individuo viene a jugar un papel importante en el desarrollo de lo pensado. La voluntad es la gasolina de este carro cargado de posibilidad. En este punto la persona debe querer lograr lo que ha pensado, sabiendo lo que quiere se propone obtenerlo. *Un sin número de individuos piensan y piensan y mueren pensando grandes cosas. Todo lo que hicieron fue pensar.* Una persona con promesa de futuro de líder tiene la capacidad de poner en acción sus pensamientos con su voluntad. Se dijo: "Atrévase a soñar y actuar sobre ese sueño". - John C. Maxwell.

Se propone organizar sus pensamientos. La mente es un mundo con tanta información que al detectarse ese sueño debe tenerse la capacidad de recapitular cada fase de ese pensamiento. Toda esa información debe organizarse, al organizarse se sabrá que hacer y a donde ir. Este evento lleva tiempo, pide su espacio. Involucra inteligencia y la paciencia necesaria, pero de nada valdrá si no se propone hacer algo con él.

Al proponerse hacer algo con lo pensado, buscará *el cómo* podría desarrollarse lo que desea. En esta fase lo que se quiere no es el fin sino el inicio. En tal etapa entra en moción un número de pruebas, acciones y cambios que proponen lograr lo considerado. Se buscan formas de iniciar esa idea planteada en un proyecto, en un emprendimiento.

En ese proceso no debemos sorprendernos de los grandes cambios que puedan ocurrir en la mente pues lo pensado se extiende, se eleva, desarrollándose milagrosamente a un cuadro más claro y es sorprendente que no solo es claro sino que lo que empezó siendo una idea ahora llega a ser significativo y productivo.

Nadie que no se proponga iniciar su pensamiento logrará comenzar un mundo nuevo. Aun el proponerse, es algo que debe nacer dentro, el mejor vehículo de este movimiento es la voluntad. La voluntad tiene el poder de llevarnos a mundos que mostrarán la capacidad que tiene el ser humano cuando es capaz de proponerse a hacer algo.

Proponerse lograr algo soñado tiene su precio. En algunos casos será intentar un nuevo trabajo. En otros será leer nuevos libros. Tal vez intentar una nueva carrera. Las madrugadas serán necesarias tal y como los desvelos. Debe saberse que nadie que se proponga saldrá sin resultados que apremiarán ese deseo que comenzó en la mente.

Proponerse es esencial en la vida de alguien que desea ser un líder, mucho más si se añora ser un buen líder. Es un hecho entonces que los pensamientos no tendrán acción si no se plantean a verse dos veces. Una vez vista en la mente, el pensamiento y la segunda es la realidad fuera de la mente, acción, proceso y el resultado. Comprendamos que entre el sueño en mente y el sueño hecho realidad existe *la capacidad de proponerse* el resultado experimentado.

¿Qué propones como emprendedor?

Dirige

Todo individuo con aliento puede y es capaz de vivir. Pero al nivel de un líder no sólo debe ser capaz de vivir sino *de dirigir* su vida y todo lo que emprenda. El proponerse algo es necesario, el saber dirigir es esencial. Nada de lo soñado, pensado y propuesto llegará lejos si no se tiene la capacidad de dirigir. Saber que es importante implementar la capacidad de dirigirnos es esencial en el desarrollo de cualquier sueño y especialmente en un verdadero líder. Experimentar esto nos llevará a escalones que nos acercarán a metas y logros posibles.

En otras palabras toda persona debe ser capaz antes de ser grande, primero de dirigir sus pensamientos, sus palabras, sus acciones y todo lo que se propuso, sin ello no podrá ser un líder Próspero. Los grandes empresarios inician aquí. Los líderes no empiezan dirigiendo un mundo, una empresa o nación. Ellos son personas que aprendieron, aceptaron la responsabilidad de dirigirse a ellos mismos a un nivel diferente, a una posibilidad grandiosa.

Así los hombres que hacen historia, dirigen sus pensamientos, dirigen sus propuestas, dirigen esa agenda de aspiraciones, su vida es clara al desarrollarse porque tiene sentido, tiene una razón, un propósito y un destino. Un líder en una frase "es un testimonio vivo de lo que piensa, quiere y predica". Tiene destino y eso se ve en la manera de dirigir.

¿Qué diriges o vas a dirigir como emprendedor?

Logra

En cualquier ámbito de la sociedad un líder se conoce por sus cualidades, intereses, aspiraciones y motivos. Su personalidad tiende en todo sentido de la palabra a proponer y "lograr" objetivos, guía sin gritar que él es el director, presidente, ministro o empresario, sino lo demuestra con sus logros. Los logros son la mejor muestra de su llamado.

Él es alguien que reconoce y sabe que vino a esta vida con un propósito, una misión. Sus facultades, aspiraciones y esfuerzos tienen bien claro su enfoque y lo que quiere lograr. Lograr sus metas se encuentra con su verdadera razón de existir. Todo depende de nosotros. Se dijo: "Cuando un hombre le pone limite a lo que hará le pone limite a lo que puede hacer." - Charles Schwab, así en lo contrario.

Todo ser humano que ha logrado mejorar su carácter, todo el que ha logrado una carrera, algo que se ha propuesto o emprendido, persona tal tiene la oportunidad de ser líder. Los líderes se manifiestan al lograr objetivos. Los logros son la plataforma del futuro que tiene una persona. Cuando hablo de logros no lo limito a cosas materiales en la vida, sino se extiende a nivel espiritual, moral y físico.

Un breve examen de ti:

1 - ¿Qué has logrado en tu vida?

_____

_____

_____

_____

_____

_____

2 - ¿Qué deseas lograr en el futuro?

_____

_____

_____

_____

_____

3 - ¿Qué Crees que lograrás?

_____

_____

_____

_____

_____

Tu respuesta dice mucho de quién eres. Tu futuro está en tus manos. Lógralo, sí puedes, si tú lo quieres entiendes que puedes.

Motiva

Un líder es una persona de vida pública y no puede esconderse a esta realidad, debe aceptar que los líderes son el centro del eje de una institución, empresa, nación e iglesia. De ellos no se espera más que lo mejor y nada menos que ello. Esto hace necesario que toda persona con aspiraciones o determinado a ser un líder debe ser un motivador.

Debe comprenderse que aunque es bueno saber que el líder debe ser una persona inspiradora, la misma persona debe estar motivada. Aquí es donde muchos se pierden. No están motivados. No saben motivarse a ellos mismos y por lo tanto su influencia es limitada.

Toda persona puede soñar, y casi todos piensan pero no todos se saben motivarse a sí mismos, pocos son las personas que motivan sus pasos, sus deseos están allí pero contados son esas personas que encuentran el secreto de lo que les inspira a realizar lo que hacen.

La motivación tiene el poder de llevarle lejos e inspirar a la gente que le rodea a realizar grandes hazañas.

Estar motivados se puede identificar con las palabras de Witt Hobbs, escribió: "El éxito es despertar por la mañana, quienquiera que seas, dondequiera estés, joven o viejo, y saltar de la cama porque hay algo que te guste hacer, en lo que crees, para lo que eres bueno. Algo que es más grande que tú y que difícilmente puedes esperar para retomarlo hoy."

Encontrar ese secreto de motivación es éxito en sí. Algunos le llaman pasión. Es la pasión que esa persona tiene dentro que hará que logre sus objetivos. Pero encontrarlo no es suficiente, debe utilizarse esa pasión para ser motivador de sí mismo.

El estar motivado es grande señal para poder motivar a otros. Muchos no pueden motivarse a sí mismos mucho menos a las personas que les rodean. Al tener una vida pública es necesario entender que habrá muchos líderes pero pocos de ellos efectivos. Pocos son capaces de encender inspiración en otros porque ellos mismos están ausentes de la realidad que nadie puede motivar a otro si no se ha motivado a sí mismo.

Cuando uno encuentra lo que le apasiona, ha encontrado el secreto de la motivación. En tal evento no hay cansancio, no hay excusas, no hay obstáculos, todo es posible, todo se alcanza.

Al ver a nuestro alrededor se verá que todo buen líder está motivado. Algunos son conscientes de este hecho, otros no. Las personas que más eficaces son para traer convicción en sus seguidores son las personas motivadas. En la motivación hay algo poderoso que rompe barreras que la inteligencia y sabiduría llevaría años luz para lograr milagros.

¿Estás motivado? ¿Qué te interesa? ¿Le encanta a tu familia escucharte? ¿Qué dicen tus compañeros de trabajo, cuando están en una junta? ¿Si hoy tú fueses a requerir un grupo de 100 personas para lograr algo, cuantos responderían a tu llamado? La motivación personal es el poder de motivación para los demás.

Aspira

La aspiración es indispensable en la vida del ser humano, especialmente si vas a emprender. Todo en la vida requiere de aspiración si se desea vivir con alegría, con sentido y resultados diferentes a todos los demás humanos.

El destino no está en las cartas o en la suerte, ni en la escuela sino en nuestras manos, las manos que buscan y aspiran una vida mejor, una empresa mejor, sí, un mundo mejor. John Mason escribió que ": La mayoría de la gente puede hacer más de lo que cree que puede pero por lo general hace menos." Esto ocurre así porque pocos aspiran algo mejor o grande.

Emprendedor, comprendamos que las aspiraciones son las que han cambiado el rumbo de eventos, historia de hombres y mujeres que hoy con su vida dejaron huellas de heroísmo, monumentos de coraje, valor impregnado en libros, naciones, empresas, iglesias con historias inspiradoras.

Por lo tanto líderes que están a la vista del público tienen una decisión que tomar y es dejar que de manera pasiva e imperceptible dejen que su vida e identidad sean manejadas por su profesión o de manera radical y sabia usar su vida e identidad para transformar su carrera y vocación en una bendición para la humanidad.

Los emprendedores modernos no nacen de la casualidad, sino que se hacen de la verdad de que nadie que no tenga aspiración hará historia. Personas que tienen objetivos con el público deben estar convencidas de lo que son, deben saber su misión de manera clara y obrar en favor de ello muy inteligentemente.

Bendición de bendiciones cuando un hombre o mujer disfruta su razón de existencia. Bendita la empresa cuando goza de tal persona, individuo que sabe lo que es y lo que quiere. Eso es un líder de aspiraciones. En todo este proceso es glorioso experimentar este logro. Es en esta fase que muchas personas se estancan, dejan de avanzar en su desarrollo como personas, jamás llegan a disfrutar ser líderes, dejan de aspirar un mejor carácter, posición y vida.

No podrá perfeccionarse, madurar nuestro liderazgo a menos que aspiremos, busquemos mejorar nuestro estilo, nuestra manera de ser. La aspiración es el camino a la cima del comienzo de nuevas fases de desarrollo individual a una atmósfera social, sin alejarse de las responsabilidades que el liderato demande. La aspiración es el vehículo a un nivel mucho más elevado y capaz de traer un cambio para el bien. Tiene el poder no solo de cambiar su vida sino aun si así se lo propone – a la humanidad.

Al saber quiénes somos, sabremos a donde vamos, que hemos logrado y que necesitamos, tener este conocimiento dará como ecuación *aspiración*, nos llevará a iniciar una limpieza, una renovación de conceptos y hábitos que dará como resultado una nueva imagen, un nuevo carácter y sin duda alguna un nuevo líder. Así es, la aspiración hace que tú seas nuevo cada mañana. Logra que tú veas los obstáculos como peldaños a un nuevo comienzo.

Una actitud **de aspiración** nos tendrá también alertas de nuestra siempre creciente necesidad de la fuente inagotable que nos permitirá ejecutar nuestro llamado con poder extraordinario. Mucho tiene que ver nuestra actitud que no es otra cosa que el vehículo que traslada la aspiración de un lugar a otro.

Un hombre que aspira, sabe de dónde ha llegado, donde está y que le espera en el futuro. Se conoce así mismo porque quiere ser mejor, él mismo está creciendo, progresa usando su potencial en bien de la sociedad. En sus debilidades encuentra en otros la experiencia como puente para superar sus temores, aprende cómo alcanzar sus deseos y vencer sus errores, faltas y debilidades. La aspiración en el rumbo correcto hace milagros y trae grandes cambios en la vida del individuo y sociedad.

¿Qué aspiras como emprendedor?

Planea

Consiguiendo llegar hasta aquí necesario se vuelve el planear, el organizarse de nuevo. Teniendo lo que se desea, logrando llegar a lo pensado en el inicio, se proyecta planear otra vez. Este es un punto importante en el crecimiento y desarrollo de alguien que es líder. No podemos avanzar si no se planea. Dependiendo de los logros así se planea. Si la victoria que se desea es algo diario, entonces nuestros planes deben ser algo para el siguiente día. Si es algo grande para un mes o año entonces así debe ser el nuevo proyecto. Los planes son nuevos -caminos a recorrer.

El punto aquí es que todo momento, acción, aspiración debe ser creado, planeado con una precisión capaz de producir nuevos eventos. La agenda se vuelve a llenar y las aspiraciones son renovadas. Pero mientras hacemos esto es necesario recordar lo que dijo John Mason, "no comience a realizar un plan a menos que sea muy diferente y casi imposible de lograr." Planes así valen la pena, ellos reflejan a los verdaderos líderes. Todos planean lo mismo, quieren un trabajo, una casa, una familia y tal vez escribir, pero usted además de eso planea dejar una biblioteca, llegar a ser presidente de su empresa, establecer una universidad, traer ayuda por alguna institución establecida por usted en África. Una escuela en china, romper record es de líderes.

Alguien en este proceso debe saber que recibe para dar. Cumple la ley del maestro de maestros, Jesucristo: "de gracia recibiste dad de gracia" - Mateo 10:8. Esto nos mantendrá siempre en busca de recibir lo mejor, crecer al máximo porque hemos de transmitir todo eso en experiencia, en enseñanza. Cuando uno planea recibir para dar nuestro acre de conocimiento y experiencia se vuelve una parcela y de esta manera un campo de grandes cosechas.

Reconozca que no puede vivir sin producir. Con mucha propiedad Martín Luther King Jr. dijo: "ningún hombre habrá aprendido a vivir hasta que no supere sus cerradas preocupaciones individualistas a preocupaciones más amplias que abarquen a la humanidad". No puede faltar el planear para producir, se debe expandir nuestro concepto individualista a uno extenso, abarcarte, humanista. Pero nada de esto ocurrirá si no se planea.

Nuestra forma de planear será en el contexto de cuanto bien puedo impartir a la humanidad. Seremos abiertos a la creatividad, a las culturas, nuestra agenda está dispuesta a las ideas de otros. Nuestras mentes serán un ejército organizado para nuevos proyectos, nuevos campos a cosechar, nuevos alcances. Planear será algo nuevo cada vez que se esté terminando lo planeado anteriormente y así dejará que nuestro potencial sea utilizado.

¿Cómo Emprendedor que plan posees o deseas?

Conoce

El deseo de querer llegar lejos requiere si no es que es obligatorio que nos conozcamos, que sepamos donde estamos, es sumamente necesario preguntarnos ya seamos personas públicas o no. ¿Quién soy yo? ¿Cómo soy? ¿Qué busco en la vida? ¿Conozco mis debilidades? ¿Disfruto y uso mis puntos fuertes? ¿Cuáles son mis motivos? ¿Qué es lo que me inspira? ¿Cuáles son mis metas y blancos? ¿Soy un líder de mi vida, hogar, iglesia, empresa, institución o un presuntuoso? Conocernos será el mejor paso que podamos realizar al enfrentar nuestro destino. El teólogo E.J. Waggoner dijo: **"no temas conocerte a ti mismo, que conocerse a sí mismo es poder."** Cuan cierto es.

El conocimiento propio salvará a muchos de caer en graves tentaciones, desastres, fracasos, deudas, humillaciones, tropiezos. Evitará más de una deshonrosa derrota. A fin de conocernos a nosotros mismos, es esencial que investiguemos fielmente los motivos y principios de nuestra conducta, comparando nuestras acciones con la norma del deber.

Hilaire Belloc expresó: "El comprender la historia de una cosa es abrir los misterios de su presente y aún más abrirá profundidades de su futuro". El conocimiento de sí mismo abre un mundo de posibilidades. Ayuda cómo recuperarse de fracasos del pasado. Establece una vida segura y competente en el presente. Un futuro que se busca con entendimiento.

No podremos avanzar y saber quiénes somos si no nos proponemos conocernos, qué somos y qué buscamos, hacer esto nos indicará lo que nos forma. He allí donde sabremos si somos o no una persona con posibilidades de líder. Si no lo somos aspiraremos ser uno en verdad y si ya lo hemos logrado aspiraremos ser uno mejor. Conocernos nos hará poderosos.

Conocernos permitirá que estemos alertas. Todos aquellos que hemos sido llamados a estar al frente no podemos dar el lujo de desconocer nuestras limitaciones, nuestras debilidades ni mucho menos dejar pasar nuestros errores como viento de invierno. Todas nuestras antenas deben estar al tanto de los peligros que corremos tanto dentro y fuera de nuestra atmósfera. Con propiedad se dijo: "el que piensa estar firme mire que no caiga",- Apóstol Pablo. Solo alguien que se conoce sabrá enfrentar las circunstancias y firmemente buscar una vida mejor.

¿Te conoces de Verdad?

Ama

El amor no puede faltar aquí. Es el ALMA de la personalidad de una persona de éxito. Podrán existir muchos líderes, lograr un sin número de hazañas, sin embargo no hay líder, empresario tan poderoso sin el arma del amor.

Esto puede ejemplificarse así: muchos van a la guerra, pero no todos son soldados, algunos asisten a su nación por compromiso no por patriotismo y otros por deber y no por amor. Una guerra se gana mejor no por la cantidad de soldados sino por la cantidad de amor que ellos tienen por su nación. Un soldado enamorado por su misión no habla tanto como lo que realiza.De igual manera un líder obra por su conversión a su llamado, no por ser elegido, guía, dirige no por lo que gana sino porque ama su trabajo, su empresa, iglesia e institución. El amor es el móvil de sus acciones. Seamos, "un líder enamorado". Vivamos lo que decimos ser.

Líderes no son los que mandan sino los que ejemplifican el deseo. No son los que ordenan, sino los que obedecen a la ley del testimonio. El líder es un ejemplo de lo que añora, él vive o muere por su deber. Contrario a mandar él ordena sus pasos para que otros lo sigan. Todo lo hace dirigido y gobernado por amor. Se cuenta que un hombre de cierta edad vino a la clínica donde trabajó para hacerse curar una herida en la mano. Tenía bastante prisa, y mientras se curaba le pregunté qué era eso tan urgente que tenía que hacer. Me dijo que tenía que ir a una residencia de ancianos para desayunar con su mujer que vivía allí. Me contó que llevaba algún tiempo en ese lugar y que tenía un Alzheimer muy avanzado.

Mientras acababa de vendar la herida, le pregunté si ella se alarmaría en caso de que él llegara tarde esa mañana. - No, me dijo. Ella ya no sabe quién soy. Hace ya casi cinco años que no me reconoce. Entonces le pregunté extrañado: - Y si ya no sabe quién es usted, ¿por qué esa necesidad de estar con ella todas las mañanas? Me sonrió y dándome una palmadita en la mano me dijo: "Ella no sabe quién soy yo, pero yo todavía sé muy bien quién es ella". Tuve que contenerme las lágrimas mientras salía y pensé: "Esa es la clase de amor que quiero para mi vida". Esta es la manera en que una persona debe amar al servir y ayudar a las personas a quienes deseamos dirigir.

El amor y las palabras de un líder son un río que atrae, motiva con sus acciones y firme determinación, siempre es un arco iris que recuerda y afirma la victoria. Sabe lo que ama, ama lo que realiza. Ama a los que guía y su amor es un amor inteligente, lo paga con su ejemplo, sus acciones, son hechos, no palabras. ¿Qué tanto amor tienes por lo que haces?

Influencia

La influencia más grande de una persona es que se deja influenciar por los principios, valores y el deber. No hay influencia más poderosa que un hombre realizando lo que pide que otros hagan. La responsabilidad, su deber, y el que lo ejecute primero no la posición es lo que ejerce influencia en el. No descansa hasta no realizar el compromiso con su llamado.

La Sra. De White expresó. "Se necesitan hombres independientes, de esfuerzo ardoroso, cuyos caracteres no sean tan impresionables como la arcilla. Aquellos que desean que se les dé el trabajo listo para sus manos, que una cantidad fija que hacer y un salario fijo, y que desean hallar un molde exacto sin la molestia de adaptarse ni prepararse, no son los hombres. Un hombre que no pueda adaptar sus capacidades a casi cualquier lugar, si la necesidad lo exige, no es el hombre para este tiempo. Hay hombres que se lisonjean de que podrían hacer algo grande y bueno si se hallasen en diferentes circunstancias, mientras que no hacen uso de las facultades que ya tienen, trabajando en las posiciones en que los colocó la Providencia...La Independencia y fuerza individuales son las cualidades que se necesitan ahora. El carácter individual no necesita ser sacrificado, sino que debe ser modelado, refinado, elevado..." Estos son los hombres que influenciarán en nuestra generación.

Dejémonos influenciar por los principios escritos, por personas que ya dejaron huellas de un buen liderazgo. Seamos sabios aprendamos de su experiencia, logrando la nuestra propia para influenciar generaciones futuras. Nuestra influencia presente está determinada por la influencia que tengan los principios y deberes sobre nosotros. Unámonos en un solo cuerpo y logremos ese cambio que el mundo tanto necesita a nivel mundial. Es tiempo de reorganizarnos y ejecutar un verdadero liderazgo, un liderazgo que no tenga de que avergonzarse. Deseo con todo mi corazón que esta obra pueda colaborar e inspirarle a escribir historia de un ser ordinario a un extraordinario líder. Usted.

Teniendo estas cualidades ellos, los hombres y mujeres pueden saber que tienen la gran capacidad de llegar a ser líderes, o hacer de su liderazgo algo mejor, están convencidos que sus vidas escriben historia, hacen historia, su influencia es necesaria. Ellos son personas que como Noé, seguro de su llamado se mantuvo firme contra todo un mundo que jamás había visto agua caer del cielo. Su firmeza evitó la extinción de la humanidad por medio del diluvio.

Ellos tienen determinación como Cristóbal Colón, se aventuran por la inquietud de beneficiar a generaciones que nunca vieron existir y si no les creen pelean hasta morir por su convicción como el apóstol Pablo, Abraham Lincoln o los Valdenses durante la edad media. Todos estos personajes influenciaron de una manera extraordinaria. La mejor influencia que alguien puede ejercer es por su manera de vivir su convicción.

Nada puede impedir a un líder ser líder más que su propia persona. La influencia no nace si no se logra, se obtiene y así se vence en el campo de lucha.

¡Oh si pudiéramos medir cuanto logra la convicción! Fue, es y será siempre una de las armas más poderosa de una persona, con grandes posibilidades de ser un verdadero líder, su influencia determina la capacidad de lograr cambios y metas con un fin ilimitado de sueños, logros, posibilidades, oportunidades.

¿Estas consciente de tu influencia?

Para Reflexionar y aplicar

¿Qué fue lo que más le impresionó de estos capítulos?

_____

_____

_____

_____

_____

_____

_____

_____

_____

¿Qué aprendió en este capítulo que pondrá en práctica

_____
_____
_____
_____
_____
_____

¿Cuál es el punto más sobresaliente que compartirá con otros de este capítulo que han impactado su experiencia?

_____
_____
_____
_____
_____
_____

¿Qué es un líder para usted?

_____
_____
_____
_____
_____
_____

¿Cree usted que es un líder?

_____
_____
_____
_____

Mencione 5 cualidades de un líder que usted posee:

1_____
_____2_____

_____
_____3_____
_____
____4_____
_____5_____
_____
_____

¿Podemos ser líderes sin vivirlo o experimentarlo?

_____
_____
_____
_____
_____
_____

¿Es usted un líder maduro para emprender?

_____
_____
_____
_____
_____
_____

En qué promete trabajar para ser un líder exitoso:

_____
_____
_____
_____
_____
_____

6

Claridad

Visión Inteligente

Aquel que lleva en el corazón una visión maravillosa, un ideal noble, algún día lo realizará. – James Allen.

Para ser emprendedores necesitamos una Visión Inteligente EN LA VIDA. Esa intención nos lleva a contestar las preguntas.

Los únicos que pueden transcender y no solo existir son aquellos que en su emprendimiento tengan un fin más que dinero, más que sus beneficios momentáneos. Personas con estas cualidades son las que marcan la historia y entre ellos tenemos a Nelson Mandela – su visión "Una sociedad que recuerde su pasado. Que escuche todas las voces y persiga justicia." Extremadamente una visión inteligente. ¿Cuál es la tuya emprendedor?

¿Qué quieres hacer?

Si NO tienes claro que quieres ser hacer en la vida te aseguro que es imposible tener una visión mucho menos inteligente. Y quien no sabe claramente lo que quiere hacer jamás tendrá una visión. Es elemental al comenzar en la vida establecer que es lo que uno realmente desea realizar. Para encontrar tú ¿Qué quiero hacer? Considera los siguientes puntos para darte una idea:

- Cuál es mi don
- Cuáles son mis talentos
- Cuál es mi conocimiento
- Cuál es mi experiencia
- Con que idea me siento a gusto
- Cuál es mi creencia del emprendimiento
- Que pienso de la vida
- A qué tipo de personas me inclino más para ayudar
- Que pienso del dinero
- Que conocimiento tengo como empresario
- Que experiencia tengo como administrador

- Qué más quisiera hacer para ganar dinero o agregar valor a la humanidad
- Porqué me gustaría empezar una empresa
- Etc.

Llena los siguientes vacíos para empezar tu visión si no tienes una:

Yo quiero hacer _____ para _____y así servir/ayudar/suplir/.

Mi visión es: _____

Contestando estas preguntas encontrarás respuestas que te guiarán a tu visión de vida.

¿A Dónde quieres llegar?

Visión es ver con el ojo de la mente lo que es posible en las personas, en los proyectos, en las causas y en las empresas. La visión se produce cuando nuestra mente relaciona posibilidad y necesidad. – Stephen Covey.

Cuando se tiene visión uno sabe a dónde quiere llegar en la vida. Si no tienes un destino, una dirección, un punto de llegada es totalmente imposible tener un punto de partida. Y es por esto que muchos no saben cómo empezar algo, no tienen dirección, lógico que no saben empezar un negocio, un emprendimiento o empresa. Son una babilonia, están confusos.

Si observas con cuidado notaras que estas personas piensan erróneamente que tienen que primero encontrar un inicio cuando en realidad tienen primero que encontrar un fin, un destino, una visión para saber dónde empezar.

Tales individuos comienzan mal, o sea que con el inicio en mente y no con el fin en mente esto en emprendimiento es solo se preocupan de dinero y ventas. Total, fracaso. Los negocios o empresas no empiezan así solamente, mucho menos un producto, servicio o sistema. Tienes que empezar con el fin en mente y por eso tener una visión de lo que se quiere lograr es crucial. **No hay emprendedor sin visión.**

Tu visión devendrá mas clara solamente cuando mires dentro de tu corazón... Aquel que mira afuera, sueña. Quién mira en su interior, despierta. - Frases de Carl Jung

Cuál es tu objetivo

¿Con esta visión cuál es tu objetivo? Tienes que encontrar tu objetivo en esta línea de creación. En otras palabras, a quien deseas beneficiar o influenciar con tu emprendimiento. Tienes que establecer el objetivo, la razón de tu emprendimiento. Puedes tener una visión, pero si no tienes objetivo terminarás fuera de la carrera más de lo que te llevó entrar.

Para ubicar tu objetivo te doy un ejemplo: En otras palabras, querrás ir a Norte América (visión) pero a que estado de norte América, y una vez tengas claro el estado a qué ciudad, y teniendo la ciudad a quien deseas beneficiar, servir, ayudar, inspirar, construir ese es tu objetivo.

No puedes ir lejos hasta que encuentres y tengas tu objetivo claro.

La visión es el tacto del espíritu. - Fernando Pessoa

¿Por qué lo quieres realizar?

Tienes que establecer bien claro por qué lo quieres hacer. Cuando tienes claro a dónde quieres llegar, a quién deseas beneficiar ahora tienes que encontrar tu razón del por qué querer hacer esto. Encontrar esto es como encontrar el timón de un auto, la base de una construcción, la oficina de una empresa, el centro que dirigirá en las buenas y malas tu emprendimiento.

Por eso quienes solamente buscan algo físico en negocio, empresa, producto, servicio, dinero, casas, dinero, lujos, placer tarde que temprano fracasan porque, aunque tengan visión – mente, intención – emoción, pero no tienen motivo correcto – alma, espíritu, conciencia tropiezan y fracasan intentando solo están de pasada y desaparecen *desastrosamente*.

En otras palabras, tienes que contestar honestamente ¿por qué lo quieres realizar? ¿Cuál es tu motivo, que es lo que está detrás de este emprendimiento? y estas preguntas deben llevarte a lo más íntimo de tu ser. Un área que pocos, poquísimos emprendedores llegan o tocan o investigan y por ello es que solo son emprendedores, no son emprendedores inteligentes.

Los líderes crean una visión con significado, una visión relevante, que coloca a todos los jugadores en el centro de las cosas en lugar de en la periferia. - Warren Bennis

Quienes no encuentran su razón verdadera entran y salen de esta carrera como un viento, hacen ruido y desaparecen.

Te ayudo a que encuentres tu razón, contesta:

- ¿Qué impacto deseo realizar con mi emprendimiento?
- ¿Cuál es el legado que me gustaría dejar?
- ¿Cómo quiero que la gente me piense?
- ¿Qué es lo que me está moviendo a esta dirección de emprendimiento?
- ¿Qué es lo que me influencio a desear esto?
- ¿Qué experiencia me está gobernando de tal forma que deseo realizar esto?

Piensa en lo siguiente para diferenciar entre buen motivo o mal motivo.

Si tu razón solo es dinero vamos mal.

Si tu motivo es demostrar a tu papá o mamá, familiar, o alguien que tú si puedes, vas mal.

Si tu motivo nació de un enojo, celos, envidia, coraje, amargura vamos muy mal y mal terminaremos, aunque por un tiempo florezcamos.

Si la raíz de un árbol está mal todo estará mal. Si el fundamento de una construcción esta frágil tarde que temprano caerá. Si no hay un centro (buen motivo) para dirigir la empresa desaparecerá de la escena de la vida.

¿Cuál es verdaderamente tu motivo para ser emprendedor? ¿Qué espíritu te motiva? ¿Cuál es la verdadera idea detrás de tu intención?

Contestando todas estas preguntas en este capítulo es totalmente fácil y natural entrar al mundo del emprendimiento. MUCHOS LIBROS NOS HABLAN DE VISION y te invitan a tenerla, pero todo este proceso para MMEC involucra TU VISION INTELIGENTE, una visión con sentido.

El Poder De La Creatividad

¡Aviso Importante! Si deseas triunfar como emprendedor necesitas buena dosis de creatividad. La creatividad le dará imagen a tu emprendimiento. Nadie sin creatividad podrá alguna vez gobernar como emprendedor exitoso. Y como manifestar creatividad requiere mucho pensamiento y valor pocos son los que la encabezan. Es imperativo que actives o uses tu creatividad. La creatividad es la cuna de grandes empresas. La creatividad está en todo ser humano pero requiere trabajo activar su poder.

Recientemente hizo que 400 atletas llevaran unas zapatillas amarillo casi fosforito en los pasados Juegos Olímpicos, de forma que a nadie le pudieran pasar desapercibidas. Todo esto gracias al ingenio y creatividad de Martin Lotti. Para ello creó un nuevo color: el Volt, una mezcla entre amarillo y verde lima con un efecto de neón muy peculiar. Y algunos atletas dicen que gracias a él se sienten más veloces, precisamente por llevar colores así. *La Creatividad paga, hace fama y crea imagen.*

Conciencia

Para que la creatividad se active tu conciencia tiene que estar totalmente despierta, una conciencia despierta es mejor que un hombre con un gran ejército en la guerra. En otras palabras, cuando tu conciencia esta despierta a la vida, a las posibilidades y oportunidades tu potencial florece y empiezas a vivir una vida propia, repito y en grande UNA VIDA PROPIA creado cosas, sistemas, productos, servicios, empresas para beneficiar a la humanidad.

Imaginación

La creatividad nace en la capacidad que todo ser humano posee de poder imaginarse las cosas, es la capacidad de crear una visión, es usar las facultades que permiten crear las cosas antes de que existan.

La imaginación es como el fundamento de ella. Para que la imaginación venga a manifestarse hay que provocarla, debe ser iniciada conscientemente con objetivo y de seguro que ella nos guiará al inicio de grandes emprendimientos.

Realidad

El ancla de la imaginación es la realidad, aunque contradictorio no lo es ya que toda creatividad está basada en la realidad de la vida, de donde se inicia los pensamientos, ideas y claro la creatividad. Ella utiliza lo que se conoce, lo común y lo eleva, construye, mejora, supera, reforma, renueva, etc.

Todo en la vida comienza de algo y este caso la creatividad tiene su inicio de alguna realidad. En otras palabras, solo aquellos que están conscientes de su realidad, de quienes son y que quieren dar al mundo son los que utilizan la creatividad usando lo que ya existe como materia o capital basico. Si eres creativo siempre tendras una oportunidad de contribuir.

Fe

Al final de todo el discurso una vez la creatividad inicie en la imaginación, la imaginación en un pensamiento todo es dirigido y guiado por la FE. La fe es esencial, es el oxígeno de toda creatividad ya que requerirá visión, clarividencia que en muchos círculos se conoce como simplemente FE.

Sin fe es imposible que la creatividad tenga vida ya que ella busca un futuro del que los obstáculos tratarán de matarla, las criticas, lo común, personas sin creatividad te verán como un loco buscando agua en el desierto. Solo la fe verdadera puede mantenerte vivo en tal proceso pero mas aun te ayuda a visualizar lo que no existe haciéndolo realidad.

Escribe 10 cosas donde el ser humano a manifestado creatividad:

_____

_____

_____

_____

_____

_____

_____

En qué crees que tú eres creativo y que deseas traer como emprendedor:

_____

_____

_____

_____

_____

_____

_____

_____

_____

_____

El Poder del Deseo de Impactar

Conoces como inicio lo que hoy conocemos como los tenis, las zapatillas para hacer deporte y toda esa línea de zapatos. Bueno ocurre que, en 1892, la Goodyear Metallic Rubber Shoe Company que más tarde viene a ser Michelline en su mundo de experimentos, siempre evolucionando y emprendimiento utilizó por primera vez un proceso de fabricación que permitía unir goma y tela. Sin embargo, las zapatillas tardarían unas cuantas décadas más en causar furor.

Hoy en día, han abandonado las canchas y pistas deportivas para convertirse en un auténtico artículo de moda. Cuando tus motivos son con el deseo de impactar, lo haces y en grande dejas huellas en la vida y sociedad. ¡Nunca escatimes el poder de impactar!

Impacto

Como emprendedor inteligente para tener éxito y lograr prosperidad tienes que poseer el deseo de impactar a la sociedad. Cuál es tu motivo de realizar una vida de emprendimiento. De ante mano tienes que escoger impactar a la sociedad. La mejor manera de empezar es reconociendo que eres especial.

El impacto es una decisión que cada uno tiene que hacer. Pero muchos no saben decidir. Muchos nos hemos comprado la versión que no podemos elegir, decidir o mucho menos escoger nuestra propia vida, producto, sistema, servicio, negocio y empresa. El poder impactar necesita saber decidir por lo tuyo.

Si hoy decides impactar eso es lo que ocurrirá ya que el universo no puede negarte lo que es para ti, pero tienes que decidir y actuar ahora.

Despertar a tu existencia

Muchos jamás podrán impactar a menos que ellos sean impactados al saber que son especiales, esenciales en la vida. Existen con un buen motivo. Dios no creo gente sin razón. Muchos tenemos que despertar a la existencia. Si necesitas más ayuda en este tema considera nuestro libro 'El Código de Toda Posibilidad' y '12 Reglas de Una Vida Exitosa' en www. miguelmartin.info

Muchos no saben aún que están vivos. No tienen vida, están dormidos a su potencial, a su capacidad. Cuando digo despertar me refiero a que debemos estar bien conscientes que todos fuimos creados por una razón y con suficiente material orgánico para crearnos, ser y dar.

Simple pero poderosa verdad solo los que están despiertos pueden impactar a la sociedad.

¿Qué tienes para dar?

Si deseamos impactar necesitamos asegurar qué es lo que tenemos para dar. ¿Qué podemos dar? Nadie puede dar lo que no tiene. No importa qué escojas ser, o dónde ir.

La pregunta insiste, ¿qué tienes para dar? Si no das de lo que tienes que vas a dar. Por eso es necesario que antes de cualquier cosa nos estudiemos, reconozcamos lo que si tenemos, lo que si somos, de qué estamos hecho y así saber de antemano y claramente lo que si podemos dar a la humanidad.

El Poder de Agregar Valor

La gran mayoría de emprendedores tienen mucho por aprender, desaprender y reaprender especialmente al comenzar un emprendimiento, producto, servicio y una empresa, su empresa. No es lo mismo ser parte de una empresa, socio o criticar una. Estamos hablando de tu emprendimiento.

Por lo tanto toda la sabiduría, experiencia y estrategia debe aplicarse ya que de eso se trata que la empresa tenga éxito. Necesario es entonces que mucho antes de empezar el emprendedor inteligente comprenda el poder de *Agregar Valor a la sociedad.*

Para dar, proveer, contribuir Valor siempre es necesario identificar:

- Quién soy.
- Qué Tengo.

- Qué daré.
- Dar Intencionalmente.

Quién soy?

La mayoría de las personas tienen un problema de identidad y por ello son personas confusas e inestables. Establecer identidad con uno es uno de los primeros pasos fundamentales. Así entonces los emprendedores exitosos se identifican primero. Ellos a conciencia contestan ¿Quién soy?

Entre más pronto logras identificar quién en realidad eres así tan pronto sabrás como agregar valor a los demás. Identificarse es un proceso el cual requiere tiempo, honestidad y prontitud. Créeme que uno da lo que tiene. Tomate tiempo y observa y veras que el dueño de un bar está dando lo que es. Que me dices de un abogado. Así ocurre con un empresario. Esta ley es aplicable a un ministro de iglesia. No importa quién sea o eres al final del día estas proveyendo lo que eres así de simple.

Para que este conocimiento sea consciente y real por favor busca un lugar cómodo para ti, totalmente alejado del bullicio y con toda honestidad contesta:

¿Quién soy?

_____

_____

_____

_____

_____

_____

_____

_____

_____

_____

_____

¿Qué tengo?

Conocerse a si mismo nos permite saber que podemos dar. En otras palabras, conocerse a uno mismo abre el almacén de todo lo que si poseemos. Quien no se conoce es imposible que sepa que puede dar. Por lo tanto, te pregunto. Contesta sin miedo y descubrirás mucho para dar.

¿Te conoces? _____

_____

¿Sabes lo que eres? _____

_____

¿Sabes lo que tienes? _____

_____

¿Cuáles son tus conocimientos?

_____
_____
_____
_____
_____
_____

¿Cuáles son tus talentos y dones?

_____
_____
_____
_____
_____
_____

¿Qué daré?

Al haber encontrado **El Quién Soy** y saber todo **Lo Que Tengo** debo ahora escoger *Qué Deseo Dar*. Ojo con esto, la razón porque muchos fracasan en el emprendimiento es que la gran mayoría solo empieza por necesidad de dinero, solo están en buscan de riqueza, lujos, comodidad espiritual y no tienen ninguna intención de ayudar, servir, proveer alegría, satisfacción, bendecir - agregar valor a los demás. No saben dar, solo saben pedir – el camino a la mediocridad eterna.

Hay un gran misterio y abismo en solo buscar dinero, lujos, comodidad personal – alejarás el dinero y te encontrarás con fracaso asegurado. Es sencillo si tus acciones son egoístas y aprovechamiento tú perderás siempre.

Otro misterio y espacio de igual forma esta en ayudar, servir, proveer alegría bendecir, agregar valor a los demás – atraerás el dinero, el dinero vendrá a ti. Es simple si tú estás consciente del poder de agregar valor a los demás recibirás dinero y más en la vida.

Da el paso de identificar exactamente que darás a la humanidad, escoge 7 cosas y de ellas la que más te apasiona.

1_____

_____

2_____

_____

3_____

_____

4_____

_____

5_____

_____

6_____

_____

7_____

_____

Escoge como emprendedor uno de estos 7 dones, talentos, conocimientos, experiencia, gracias, y si no sabes que hacer te recomiendo altamente el último. Una vez identificado **qué daré**, debes ahora darlo con todo el corazón en algún emprendimiento.

Intencionalmente proveer

Habiendo identificado quién es uno, qué tengo y qué quiero dar ahora entra la importancia de la intención. Ese motivo detrás de mi emprendimiento. Esto es crucial. Si tu motivo no es por amor a las personas ya estás perdiendo.

Entonces. Teniendo lo que daremos debemos darlo intencionalmente, esta parte es muy descuidada por emprendedores dar intencionalmente es un arte que embellece la vida del emprendimiento ya que dar intencionalmente demuestra cuán despierta esta la conciencia de agregar valor a los demás.

Dar intencionalmente demuestra que tan claro es el motivo que lo ha traído a uno aquí – donde uno se encuentra y sobre todo adónde va al iniciar su emprendimiento, producto, servicio, sistema u empresa.

El Poder de Suplir
Una Necesidad

Cazador de Problemas

En este mundo del emprendimiento y el suplir una necesidad es importante entender que somos buscadores de problemas. Si, problemas que las personas tengan pues en ellas esta nuestro negocio. Así de egoísta como suena no lo es ya que los grandes emprendimientos tuvieron que ver como proveer soluciones a esos problemas.

Vuélvete un cazador de problemas. Busca problemas. Allí encontrarás muchas respuestas a lo que el mundo espera de ti. De hecho, encontrar problemas hace que uno se mida y sepa lo que tienes para dar. Los problemas son una bendición, son una fuente de prosperidad en la vida de un emprendedor inteligente.

Cazador de Necesidades

Otras de las áreas que los emprendedores inteligentes buscan son necesidades. Que necesita la gente, nuestra raza, nuestra iglesia, nuestros jóvenes, nuestra sociedad.

Los emprendedores exitosos son aquellos que están en busca de necesidades no suplicas.

Oh como mejorar algo que ya existe para suplir completamente una necesidad existente. Conviértete en un cazador de necesidades.

Creador de soluciones

Los emprendedores somos creadores de soluciones, problema que se vea problema que activa nuestra creatividad de solución. El emprendedor inteligente vive con la pregunta ¿Cómo puedo solucionar este problema? Traer varias soluciones es la meta, pero contribuir soluciones específicas es nuestro objetivo final. En esta simple **fórmula mmec** está el negocio, producto, empresa, sistema que buscamos agregar, traer a la existencia. No rebajemos nuestro potencial de creadores. La Fórmula es: **Buscar problemas, encontrar soluciones = negocio.**

Suplir necesidades

Esta frase aunque simple es la fuente de grandes fortunas. Si, esta frase es cuna de grandes empresas. Exactamente, así como dice "suplir necesidades" es el camino del éxito a los emprendedores inteligentes. Cuando comprendí esto deje de jugar con intentos. ¡Simplemente emprendí! Busque necesidades y empecé a suplir. Así surgió MMEC. Te pregunto ¿cuánta necesidad tiene nuestra gente latina para mejorar y usar tu potencial? Creo y dicho una y otra vez que los latinos son un gigante dormido.

Si quieres entrar a un negocio rentable aprende a suplir necesidades. La simple pero poderosa verdad es quien suple necesidades se suple a si mismo grandes fortunas. Te prometo que vallas y le preguntes a empresas de renombre hoy día ¿porque lo hacen? y te dirán vimos esta necesidad y la estamos supliendo. No hay milagros en los negocios es asunto de lógica e inteligencia. Aun en los negocios ilícitos, los negocios que venden drogas aplicaron el mismo principio solo que en algo que desaprobamos.

Entiende amigo que si tú no te vuelves un suplidor de necesidades no emprenderás *con éxito*. Comprender todo esto es lo que te lleva a agregar valor a las personas. Este es el + en todo lo que decidas realizar para crear riqueza. Todo lo demás es el − en tu emprendimiento.

¿Quieres emprender? Contesta. ¿Qué necesidades ves en tu ciudad, iglesia, personas, servicios, gobierno, negocios? Escríbelos y piensa en ellos. ¿Habrá algún negocio si las suples?

_____

_____

_____

_____

_____

_____

El Mito de la Edad

Gran cantidad de la población del mundo están confundidos en la edad que deben tener los emprendedores. Yo era uno de ellos que crei que solo los viejos podían emprender, todo lo demás me daba miedo.

Muchas veces se ha dicho que necesitas buena edad, dinero y experiencia para emprender, ser empresario. Pero nunca pudo estar tan lejos de la realidad en este siglo.

¿Listo para la verdad? Aquí está la respuesta. "No hay edad límite para emprender". La edad no importa siempre y cuando allá un emprendimiento y el emprendedor esté consciente y use su inteligencia.

No importa

Para emprender la edad realmente no importa. En este hermoso mundo no hay límite de edad. Si tienes conciencia y entiendes el emprendimiento este es el mensaje de MMEC 'HAZLO YA'. Empieza. Si puedes no hay ley que diga lo contrario. Y si la hay existen soluciones.

Si Importa

SI, ES IMPORTANTE LA EDAD por asuntos legales, registración, o donde requiera firmes, pero eso, aunque importante no es un problema ya que hay formas de suplir esa vacante por tu edad.

Es un mito

Siempre se ha creído que solo los viejos, experimentados, titulados, educados, políticos, actores, gente con dinero pueden crear empresas, productos, servicios u otros medios rentables. **Mentira. Mito.** Tal vez alguna vez lo fue ahora no lo es y es más una idea esclavizante y limitante para el mundo en que vivimos.

Nunca dependas de tu edad para hacer algo, a pesar de ello hazlo. Así tengas 8 años 28 años, 48, 68 o 88 años.

Empieza

Cualquiera fuera el limitante mi consejo es que empieces lo más pronto posible con tu emprendimiento, idea o emprendimiento. No importa lo que sea solo empieza esto es tan mágico que el empezar crea el camino o forma el destino.

Cuando haces este **mágico paso** solo puedes ir adelante. De otra manera siempre estarás esperando la oportunidad, tiempo o edad perfecta. Eso no existe. Empieza, ¿Cuándo? AHORA ES TU TIEMPO DE EMPEZAR.

Intenta

En este mundo solo el que no intenta pierde. Tienes que intentar tu idea todo lo que puede pasar es que no sea aceptada o descubras que necesitas esto o aquello. Las grandes empresas de hoy día se construyeron de intento a intento con mucha fe.

A este intento llámale visión, objetivo, necesidad, problema, plan de acción, proyección, plan x, propuesta, posibilidad etc. Yo le llamo INTENTO DIVINO y nunca pierde.

Aprende

Yo creo en el desarrollo personal continuo y enseño en mis seminarios que existen dos pies para ello. El pie derecho para MMEC representa aprender. En este mundo tienes que estar dispuesto a aprender. Sométete como un alumno y aprende todo lo que necesites. Esto siempre te abrirá puertas, oportunidades, conocimiento, experiencia, medios. Siempre mantente aprendiendo.

Desaprende

En este camino el pie izquierdo representa para MMEC desaprender. Para avanzar a tus metas, y prosperidad necesitas usar ambos pies. Aprender y desaprender. Lo que más le cuesta a la gente es desaprender. Pero en ocasiones este es el camino a los emprendedores en lugar de aprender su necesidad más grande es desaprender creencias, estrategias ajenas, conocimientos equivocados.

En el emprendimiento solo los que aprenden a desaprender logran salir de la cárcel de la ignorancia perpetua.

Usa tu edad

La edad puede ser una buena herramienta para emprender, si eres un niño con ella puedes empezar un negocio para niños, si eres joven algo para los jóvenes, si eres adulto algo para los de tu edad si eres anciano pues ¿cuánto no posee para compartir a los de tu generación u otra edad?

Considera las siguientes historias.

1. Conoce la historia de una simple chapita de gaseosa y una visión de negocio. Esto lo creo la niña de 10 años de edad en Dallas Texas. Maddie Bradshaw. un día advirtió lo aburrido que se veía su casillero decidió decorar ese desanimado casillero de una manera ingeniosa, tomó una chapita de botella (tapita) y dentro de ella hizo un dibujo abstracto y luego la unió a un imán. Otros vieron su ingenio y comenzó a vender todas las chapitas decorativas que hacía. Empezó su empresa la que se ha expandido obteniendo grandes ganancias superiores a la de un millón de dólares.

2. Inspírate en la historia de Tim y Nina Zagat Ambos abogados que tenían 51 años cuando publicaron su primera colección de reseñas de restaurantes bajo el nombre Zagat, la cual se convirtió en una marca de autoridad culinaria.

3. Oscar Alberto Cano Jiménez es empresario de 28 años Actualmente tiene una financiera llamada SENSA, especializada en créditos hipotecarios; también es secretario de organización del Frente Juvenil Revolucionario del PRI.

4. La "Abuela Moses" comenzó su fértil carrera como pintora a los 78 años y tu dices que estas viejo. NO. La edad no importa. En 2006, Anna Mary Robertson Moses una de sus pinturas fue vendida en USD$1,2 millones

Lo creas o no de igual forma tu edad puede ver lo que otros no ven y de allí puedes proveer un servicio, crear un producto, sistema, programa para los que no lo ven, aunque seas un niño, joven o anciano. La idea es suplir, dar, agregar valor a los demás.

¡La edad es siempre una buena herramienta para proveer!

El Emprendedor que No Sabe Vender No debe Emprender

"Vende o se Vendido" – Grant Cardone

¡Si no sabes vender, no emprendas! *No te asustes si no sabes y quieres emprender también se puede aprender.* Y si no pregúntale a uno de los vendedores más famosos Chris Gardner cuya vida fue muy conocida a raíz de la película "En busca de la felicidad". Gracias a su perseverancia, aprender y saber vender hoy es un inversor exitoso, millonario y dueño de su propia compañía. Un hombre que sigue impactando vidas con sus emprendimientos.

"Si haces una venta, te dará suficiente para vivir. Si inviertes tiempo y prestas un buen servicio al cliente, puede hacer una fortuna." – Jim Rohn

Las personas y el Emprendedor

Es increíble cuanta invencibilidad hay con muchos emprendedores con sus conceptos de la importancia de las personas. Empiezan emprendimientos para fracasar. Por lo tanto nuestro objetivo con este capítulo es enseñarte que sin personas no tienes nada. Si quieres ser un emprendedor inteligente tienes *que aprender de antemano la importancia de las personas* para tus productos.

Quien no aprenda y aplica este simple pero importante principio no tiene negocio. Necesario es esto antes de comenzar darle toda la importancia y estudio el papel de las personas en los negocios de otra manera se topará con un muro creado por él o ella misma con buena anticipación. Las personas son el único mercado para tu emprendimiento no los escatimes.

Muchos se dedican a la creación de su producto, empresa o sistema y eso es todo lo que han aprendido realizar o intentado ya que no abra mercado para ellos, nunca existió en su agenda el papel de las personas, sus comportamientos, sus necesidades, sus opiniones, sus creencias etc. Las personas no ocuparon lugar en el proyecto del emprendedor, el o ella se verá al salir el producto al mercado en quiebra porque no tiene compras. Será un fracaso. Esa es la razón porque mucha gente no adquiere o comprar tus productos. Ellas no son parte de tu agenda.

"Piensa que eres como un recurso adicional para tus clientes: un consultor, un consejero, un mentor *y un amigo y no solo como un simple vendedor."* – Brian Tracy

La cruda verdad es que no servirá el producto o empresa sin darles la importancia correcta a las personas en todo el proyecto. Las personas son totalmente importantes, sin ellas no hay producto, sistema, empresa. Cuida a las personas. Te pregunto ¿Desde qué iniciaste tu producto o empresa inicialmente las personas han sido una de tus preocupaciones o no? Los creadores de empresas exitoso antes de crear productos primero crean su mercado, buscan o investigan si existe gente para el producto o empresa. ¿Qué es lo primero que tú has hecho? ¿Cuán importante son las personas para ti?

Producto y las Personas

Hoy día no sólo debemos traer productos, sistemas o empresas sino aprender como traerlo a la gente. Lo que te estoy diciendo es que no se trata solo de producir un producto sino antecede a ello crear una caja que surgió por las personas, y que supla y llame la atención de las personas. La verdad es que esta forma de pensar y actuar hace que salgan empresas exitosas.

Ya no es más asunto de traer algo, sino que esté conectado emocionalmente, traer algo que llame la curiosidad. Que la gente se muera por lo que ofreces. Productos que suplan el gusto, el deseo, la necesidad. Cuando a esto la persona se sienta emocionalmente involucrada tú tienes el producto que vende.

Psicología de la venta

Hoy día en este siglo ya no se trata solo de presentar un producto y ponerlo en el mostrador, online o publicarlo. "Satisface las necesidades inconscientes de tus clientes como la necesidad de sentirse importante, valorado, y respetado." – Brian Tracy.

Hoy día vende más el que se educa en *el cómo vender* que tener producto para vender. Asegúrate que sabes cómo vender, tienes las herramientas, la psicología del vendedor, el sistema correcto de otra manera ya eres un perdedor antes de empezar esta carrera, afirmo MMEC no promueve más emprendedores sino SER Emprendedor Inteligente. Consíguete nuestro curso **'60 secretos para una venta exitosa' en www. miguelmartin.info.**

El Poder de la Emoción

"La venta es esencialmente una transferencia de sentimientos entre dos personas." – Zig Ziglar.

No importa el producto o servicio el ingrediente más importante es hacer conscientemente una **conexión emocional.** Hoy día la gente compra por emoción y por lo tanto, aunque no debe abusarse la emoción de la gente el emprendedor debe muy conscientemente de como conectar su producto y servicio a las emociones de las personas.

Por ejemplo, podrías usar las siguientes frases para hacer conexiones emocionales.

Al comprar este libro **tu vida** será MEJOR.

Mi casa es **tu casa** compra productos.

Con este producto **tu familia** estará segura.

Tu salud es nuestra misión.

Si compras este sistema **tu cuenta de banco** está seguro.

Con este sistema de alarma **tu casa es segura.**

En este programa encontraras los pasos prácticos **para tu éxito.**

Este producto te ayudara a vencer **tus miedos.**

Si te compras este libro lograras **tu libertad** financiera.

Entre el producto y las personas está el gran puente de las emociones. Conéctalas anticipadamente y eres exitoso y próspero. Siempre tendrás personas para tus productos.

"El buen servicio te lleva a lograr múltiples ventas. Si atiendes bien a tus clientes, te abrirán puertas que nunca habría podido abrir solo." – Jim Rohn.

Simplemente tienes que Vender

Después de todas las explicaciones y analices, la psicología necesaria, el tacto, la gracia y la capacidad de vender simplemente tienes que Vender. Si no sabes vender, aprende a vender. Solo los *vendedores capaces* son los que hacen progresar sus empresas. Tus productos, sistemas, programas existen ¿para qué? Para que otros los disfruten, los tengan, los utilicen y eso simplemente requiere que sepas vender y vendas en grande. Si no compran lo que tienes no sirve de nada lo que tienes.

Si después de esto no comprendes lo importante que es vender entonces te equivocaste de profesión. ¡No emprendas!

Haz lo siguiente para aprender o mejorar como vender:

Mírate todos los videos que están disponibles sobre el tema en youtube.

Lee todos los días libros sobre ventas.

Inscríbete a un curso para aprender herramientas a vender con éxito.

Asiste a seminarios del mismo tema tan regular que fuese como ir a la iglesia o un baile.

El Poder De La Oportunidad

Un sueño solo puede triunfar sobre la realidad si se le da la oportunidad. - Stanislaw Lem

Hay varios tipos de oportunidad en la vida y el emprendedor inteligente las conoce para sacarle provecho a todas. Te comparto algunos.

La que viene

Esta aquella oportunidad que no la esperabas en tu vida simplemente viene y viene porque el universo la envía a todos en algún punto de su vida. Como esa historia de Hedong Zhang en china que estuvo en el mismo lugar 15 años antes sin conocerse con la madre de quien ahora es su esposa. Viajaron en el mismo bus, estuvieron en el mismo lugar de vacaciones y se tomaron una foto en el mismo instante que cada uno lo hacía. ¿Es posible que exista el destino? ¿O será que las casualidades a veces son tan grandes que pueden pasar también en un país de 1.300.000.000 habitantes? "Aunque no nos conocíamos en ese entonces, los cielos han debido planear esto para nosotros 15 años antes de tiempo", dijo Hangzhou. – fuente elpais.com

Esas oportunidades son cruciales para la razón de nuestra existencia, pero en su mayoría pasan desapercibidamente ya que nuestra conciencia ya no está conectada al universo, a Dios y nuestro potencial.

La que existe

La oportunidad que ya existe pero que la educación que te forma, tus creencias o tu visión de la vida han impedido verla. Esas oportunidades pueden ser instituciones donde servir, negocios, sistemas, productos, etc., ya existentes que proveen oportunidades de emprendimiento sin nada más que el deseo de hacer algo grande en la vida.

Esto se ve en la historia de IBM y Microsoft quienes usando algo que ya existía en un sistema operativo lo tomo y adaptó la arquitectura abierta del ordenador de Apple y escogió el microprocesador Intel 8088, que manejaba ya caracteres de 16 bits. De este modo, en 1981, IBM pudo lanzar su primer PC. Sistema operativo de su PC, imprescindible para su funcionamiento fue adaptado en su sistema gracias a Microsoft.

Como emprendedores hay que estar con el ojo abierto para ver estas oportunidades ya existentes. Pueden ser sistemas que están ayudando a muchos y que tú puedes usar simplemente queriendo. Busca y veras que hay muchas oportunidades que ya existen y que están allí para ti. Si no me crees pregúntale a Uber.

La que creo la de crear

"No seas como la mayoría, que se mueren esperando su oportunidad y se pasan la vida diciendo: "es que no me ha llegado la mía"." - Hector Tassinari

En esta lista están las oportunidades que no existen pero que el individuo ha decidido crear. Básicamente él dice esto quiero y eso tiene.

A este nivel el emprendedor tiene que estar bien capacitado, entrenado, educado y experimentado para hacer que surja algo que no existe pero que basado en otro ejemplo será rentable. Se requiere conocimiento y acciones inteligentes para traerlos a la vida. Imposible, jamás.

Ella nació como hombre genitalmente pero físicamente ante los demás era mujer. Muy temprano en vida deseaba ser modelo y modelo llego a ser. No lo era, se hizo y ella es la famosa modelo internacional Geena Rocero de las Filipinas. Si lo quieres y no lo tienes lo CREAS.

La que llamo

"Tu gran oportunidad se puede encontrar justo donde estas ahora mismo." – Napoleón Hill.

La biblia dice el que **busca encuentra**. Pues bien, allí están esas oportunidades que aparecen de vez en cuando. Esas hay que llamarlas y tarde o temprano se aparecerán en tu vida. En esta entra la importancia de las afirmaciones, palabras, frases dichas una y otra vez al universo. Quien aprende el poder de las palabras, las palabras nuestras y propias ese individuo comprende el potencial de llamar oportunidades a la vida.

Este fue el caso e historia de Juan Gabriel desde pequeño descubrió que quería cantar y llamo esa oportunidad por años y cantante famosísimo llego a ser. No tenía la oportunidad gracias a todos los reveses de su vida, pero cuando se quiere algo y llamas fuerte llega y él lo demostró en toda su carrera exitosa.

La que profetizo

Finalmente están esas oportunidades que se profetizan. Esto quiere decir estos emprendedores superan sus expectativas y establecen nueva visión, en ella ellos profetizan lo que quieren ver.

Profetizar aquí para MMEC es escribir, expresar, gritar, exponer al universo lo que deseas ver, lograr y tener los próximos 5, 10, 20 años. Esta también es una estrategia y créeme ¡cómo funciona! Crea lo que tu deseas VER.

Hasta ahora los británicos habían mantenido buenas relaciones con las Trece Colonias que habían formado en la costa atlántica de América del Norte. Sin embargo en 1765 el gobierno británico de Jorge III:

aumentó los impuestos,

estableciendo primero un impuesto del timbre, sello que tenían que llevar los documentos jurídicos y que fue suprimido;

después un impuesto sobre el té.

En el puerto de Boston, un buque cargado de té fue saqueado por colonos disfrazados de pieles rojas.

Gran Bretaña trató de mantenerlos haciendo uso de la fuerza.

Gran Bretaña aun uso sus influencias políticas para poner a otros países en contra de su propia gente en América del Norte.

Esto desencadenando la revolución. Además, activaron el poder de la profecía su LIBERTAD, se reunieron en el Congreso de Filadelfia y proclamaron la Declaración de derechos en 1774. Los conflictos se desataron, expulsaron a todos los funcionarios reales. Cuando las relaciones entre Gran Bretaña y sus colonias en Norteamérica se volvieron más tensas, los colonos crearon un gabinete en la sombra en cada colonia, con un congreso continental. El deseo de independencia aumentó rápidamente La Profecía era cada vez más clara. En respuesta a las acciones de Gran Bretaña un panfleto denominado 'sentido común' profetizado / publicado por Thomas Paine tuvo una gran resonancia, invitando a los colonos a conquistar la independencia total. ¿Qué paso con esa profecía de Libertad? En 1776 fue hecha realidad y así nació este gran país Estados Unidos. Solo se necesita a una persona para profetizar grandes cosas y cosas grandes ocurren.

¿Cuál es tu profecía de ti mismo, tu familia, tu empresa, tu negocio, qué producto deseas tener, ver o vender? Dilo, ESCRIBELO, grítalo. Exprésalo, ¿cuándo ocurra no importa?, lo que importa es profetizarlo ahora.

"Habla y cree. Profetiza y recibe." - Miguel Martin

"El fondo de la cuestión a la que me enfrento desde el momento en que decido dirigir una película: puedo equivocarme. ¿Y qué? Correré el riesgo. Los críticos nunca lo hacen. Ni el público, si descontamos los ocho dólares que cuesta la entrada (...) ¿Y qué pasa si acierto? Entonces puede que haga otra película. Lo que me dará otra oportunidad de acertar o equivocarme. Y de dedicarme, una vez más, al mejor trabajo del mundo." - Sidney Lumet

7

Características Fundamentales del Emprendedor Inteligente

El Poder de La Pasión

"El emprendimiento es hacer que aquello que te apasiona en la vida sea lo fundamental, de manera que puedas sacarle el máximo provecho y lo hagas evolucionar" - Sir Richard Branson, fundador de Virgin Group.

En el mundo de los que viven felices y tienen lo que quieren está el poder del apasionamiento. Esta es una de las grandes y primordiales características de un emprendedor. Si lo que haces no te apasiona entonces fracasaran en tu emprendimiento o en muchos casos es la razón porque grandes negocios o metas naufragan.

"La pasión construye negocios. El miedo no." – Robert Kiyosaki

Le gusta

Indiscutiblemente el emprendedor exitoso gusta y le place lo que hace. Es en este nicho que se encontraba cuando se dio cuenta que tenía algo que ofrecer al mundo. Son personas apasionadas aquellas que no pueden dormir con solo pensar en hacer u ofrecer un servicio, negocio o producto a sus conocidos y desconocidos.

Cuando descubrí que era escritor ya estaba escribiendo y simplemente lo hacía porque me gustaba escribir. Mis más de 10 libros no son el resultado de un talvez, lo intentare, un quizás me guste. No. Me fascina, me apasiona escribir y como me gusta ni me doy cuenta que soy un escritor. Es como tomar agua, respirar. Escribir es vivir para mi. Me gusta demasiado, tanto que son exactamente a las 1:04 am y me siento inspirado como que acabara de amanecer.

En este momento hermoso del emprendedor las emociones están al cien, es el periodo como del noviazgo de la situación o progreso. Aquí es donde la gente sabe y ve que esto te gusta, te apasiona, te domina porque es lo que hablas y ven en ti.

Este gustar no es pasajero o inconstante. Es completamente estable, y aun mas es creciente, aumenta asiduamente y es dominante en la persona que lo posee. Si esto te describe a ti entonces eres un emprendedor y vas por buen camino.

Lo conoce

Quien le gusta algo manifiesta que conoce de lo que habla. En otras palabras no podemos solo hablar sino conocer lo que nos gusta. Todo emprendedor debe conocer bien lo que dice, lo que va a presentar u ofrecer como servicio o producto. Quien hace lo contrario podrá avanzar algunas cuadras en la vida, en negocio u servicio pero tarde o temprano tropezará y será conocido como un ignorante que le costará mucho a futuro. Conocer algo es lo que ha demostrado Mark Zuckerberg fundador de Facebook. Está fascinado con la tecnología, conocía tecnología, vive tecnología y produce tecnología. Mira la evolución de Facebook. Eso es conocer algo.

De suma importancia es que invirtamos tiempo para conocer lo que nos gusta. Hoy día no hay excusa para investigar, estudiar u conocer algo. Están las librerías, lugares donde uno puede ofrecerse para aprender algún oficio. Puedes tomar un trabajo con tal de aprender el sistema o manera de hacer las cosas si fuese necesario.

Debes considerar ir a la escuela, estudiar libros en casa, oír audio libros etc. Tú puedes y debes estar bien informado de lo que te gusta y saber lo último en esa línea de negocio. Personas tales son las que triunfan en esta vida y son los dueños de empresas, negocios. Estos son los autores de libros y los grandes emprendedores con resultados de éxito y prosperidad.

Lo practica

Si quieres triunfar en cualquier área de vida o servicio debes practicarlo, comerlo o tomarlo antes de recomendarlo. Solo el que vive lo que dice u ofrece es de aquellos que llegan bien lejos en lo que se proponen. La vida solo respeta a aquellos que se dan a respetar con su manera de vivir, viven lo que quieren ofrecer a otros.

Ellos no solo llegan lejos sino que con frutos, logros y metas logradas. Muchos llegan muy lejos pero amargados, fracasados y desilusionando porque estas personas hablan y hablan pero no practican, no usan sus propios consejos, servicios o productos.

Sé el primero en hacer lo que quieres que otros hagan, el primero en usar lo que venderías si quieres que otros lo compren. Alli tenemos el ejemplo de Honda. Este muchacho aprendió todo lo relacionado a motores mientras cuidaba un bebe, cambiando panales y dando mamilas. Vio, escucho, aprendió y practico. Emprendió y llego a tener su propia moto y más tarde sus carros. La gran empresa Honda empezó gracias a la práctica del conocimiento de este Joven S. Honda.

El 50 % del valor de lo que tienes para ofrecer está en saberlo, pero el otro 5 0%para que otros lo quieran y compren está en que te vean vivirlo, practicarlo.

Lo cree

Nadie aunque simple lo que voy a decir y bien sabido es que nadie puede convencer a otro de lo que él o ella no cree de corazón. Antes de que te aventures en el mundo de cualquier negocio o servicios debes asegurarte de que lo crees de verdad. Al emprender la independencia de empleo promoviendo el propio negocio, producto o servicio debe estar bien curtido en convencimiento.

Muy pequeño en la vida me dijeron que yo era un fracaso. Que daba vergüenza y que sería un dolor de cabeza donde quiera estuviera. Tan mal estaban las cosas que mi propio padre llego a tener vergüenza de decir que yo era su hijo. Pero yo en el fondo del alma si creía en mí.

"Nuestro tiempo es limitado, así que no lo malgastes viviendo la vida de otro que no seas tú. No te dejes atrapar por los dogmas - es decir, vivir en base a los pensamientos de otras personas. No permitas que el impacto de otras opiniones ahogue tu propia voz interior. Y lo más importante, ten la valentía de seguir lo que te dicta tu corazón e intuición. De alguna manera los demás ya saben lo que deseas llegar a ser realmente. Todo lo demás es secundario"- Steve Jobs, cofundador de Apple

Creer significa que nadie ni nada te impedirá lograr tus sueños, tus ideas son realidad. Creer significa que estás dispuesto a sacrificar cualquier cosa, tiempo, dinero y amistades para poder tener o ver lo que tanto amas y crees. Quien no manifiesta estas características no está convencido y tarde o temprano su incredulidad se dará a conocer.

Los que dicen creer pero que la vida misma les demuestra que no creían son aquellos que al fracasar en el primer intento se desilusionan, son aquellos que se desaniman con cualquier crítica. Estos son los que se dejan influenciar por personas negativas que esto ya lo probaron y que no funciona etc., ellos siguen el ejemplo de esta gente fracasada. El que cree, cree porque cree que es posible de otra manera no lo pensaría mucho menos traerlo a su público.

Momentos difíciles

"Lo primero es tener una visión que sea reveladora tanto para los empleados como para los clientes. En Zappos, se trata del servicio al cliente. Tienes que ser un verdadero apasionado de tu negocio. El objetivo no debe ser solamente ganar dinero; Yo creo que es necesario descubrir aquello que harías incluso sin obtener ningún beneficio económico. Vas a vivir momentos duros al hacer crecer tu empresa, y si sientes pasión por el negocio, eso es lo que te hará superar los tiempos difíciles"- Tony Hsieh, CEO de Zappos.

Un poquito de mi vida. Fracase en la escuela primaria. Me internaron para ver si cambiaba, nada. Lleve a la bancarrota un negocio de mi padre. Me involucre en otro de sus negocios que tenia de distribuidora de utensilios de hogar solo para ir y perder las cosas en la primera semana de prueba. Le destroce un carro. En mis mejores intenciones trate de hacer negocios por el y solo terminaba faltando dinero o me robaban. Le queme su equipo de sonido. Encima de esto un día un amigo de mi padre me dijo "tu no deberías ser hijo de don Tomas".

A pesar de todo esto amigos Yo creí en mí y por eso estoy aquí. Esta creencia es la que me abrió mundos, puertas, oportunidades. Me saco de Guatemala para llegar a Estados Unidos. "Yo creo en mi por eso estoy aquí" frase oficial de MMEC en los seminarios.

Todo lo que tengo hoy está basado en creer de corazón en mi mismo en los momentos mas difíciles y en lo que realizo. Hoy soy escritor, conferenciante no nacional sino internacional, empresario. Hoy me consultan jóvenes, emprendedores, miembros de iglesias, matrimonios, empresarios etc. Soy un mentor. Nunca dejes de creer en ti. Nunca. Mira lo que hacemos en *www.miguelmartin.info*

Lo ofrece

Finalmente es imposible creer y traerlo al público. Es importante entender que nada ocurrirá si no se trae al público cualquier obra, proyecto, servicio, producto o negocio. El verdadero emprendedor hace todo por publicar sus obras, producto y servicios. Se da a conocer y ofrece lo que tiene. Si lo que tiene es de valor de seguro que triunfará.

Un detalle más de mi historia. Yo trabajaba para una empresa donde por contrato y razones de conflictos de interés yo no podía hacer nada más que lo que representaba esa organización públicamente.

Yo ya llevaba unos años escribiendo mis libros, pero mientras estuviera con ellos no podía hacer nada. Busque todas las posibilidades de hacer algo pero simplemente imposible. Un día meditando sobre lo que tenía me dije 'si sigo así y aquí me voy a morir y nadie sabrá de mis libros. Todo por este ridículo contrato.'

Entendí que si quería contribuir a la humanidad con mis obras tenía que decirle adiós a esta organización. Así fue le dije **adiós** e inmediatamente tan pronto fue oficial ni un segundo más ni un segundo menos di a conocer mis libros que en ese entonces eran 7 libros.

Si no ofreces nadie sabrá de ti. Y tienes que darte a conocer masivamente. Demasiada competencia requiere que tú seas aguerrido en darte a conocer al público. Nunca me arrepiento haberle dicho adiós a esa organización en términos de empleo. Para darte a conocer tendrás que sacrificar algunas cosas, personas, organizaciones, familiares, amigos, pero siempre y cuando sea por tu éxito adelante.

Quien da algo de valor agrega valor a la vida a la gente que lo sigue. Es una ley universal que todo aquel que tiene algo de valor será aceptado o recibido sus servicios, productos etc. Si tienes valor en ideas, productos, servicios debes traerlo al público y verás que responderán porque responderán a lo que agrega valor a sus vidas.

No cometas el error de esperar mucho tiempo para sacar al público lo que tienes que ofrecer. No dejes que el dinero lo impida empieza con algo aunque sea pequeño. No dejes que el miedo te robe la oportunidad de saber que piensa la gente de lo que ofreces. ¿Qué es lo peor que puede pasar si no les gusta?

Es que tú lo sabrás y entonces podrás realizar las correcciones necesarias para hacerlo mejor o cambiar de ideas, producto o servicio. Ofrécelo y ve los resultados.

"Vive tu pasión, ¿y qué significa eso? significa que cuando te levantas por la mañana para ir a trabajar, cada mañana, lo haces impulsado por el hecho de ir a hacer lo que más interés tiene para ti en este mundo. Ya no piensas en las vacaciones, no sientes necesidad de descansar de lo que haces - trabajar, el ocio y la relajación van todo en uno. Ni siquiera prestas atención a la cantidad de horas que empleas en ello, porque para ti no se trata realmente de trabajo. Ganas dinero, pero lo harías de todas formas, incluso de manera gratuita" - Gary Vaynerchuk, Co-fundador / CEO de VaynerMedia

Proyectar

"Una vez que cuentes con una visión para una nueva empresa, hay que avanzar con ella hasta hacerla despegar." - Russell Simmons.

Como emprendedor tienes que proyectar a tiempo o te quedas atrás. Los grandes éxitos de hoy tuvieron hombres o mujeres detrás haciendo proyecciones. Visionaron y algunos se volvieron locos. En su locura cambiaron al mundo. De eso se trata el emprendimiento. Proyectar sin miedo es una de las cualidades de los emprendedores inteligentes.

En las comunicaciones modernas gracias a la proyección surgió el gran Twitter. Ha roto record, a marcado la historia y facilitado la comunicación gracias a este principio. Proyectar. El cofundador dijo: **"Trabajando en Odeo no pusimos la suficiente pasión en el servicio de 'podcasting', tal y como deberíamos haber hecho. No lo estábamos utilizando, y ese fue el problema. Iniciamos Twitter porque Ev nos dio un poco de libertad para barajar otras trayectorias diferentes"**- Biz Stone, cofundador de Twitter & Jelly.

Los grandes emprendimientos no surgieron por gente ociosa. Todos conscientes o inconscientes usaran las herramientas que el universo provee a los que pueden ver con los ojos internos - proyectar.

Este principio lo podemos ver y utilizar como gran enseñanza en la historia del puente de San Francisco el famoso Golden Gate. La primera vez que se pensó en construir esta obra se desechó la idea por razones técnicas, ya que los arquitectos consideraron infranqueable la distancia entre las dos orillas. Pero a principios del siglo XX, el ingeniero Joseph B. Strauss recuperó aquella osada intención y proyecto lo que mas tarde es el Golden Gate. Con gran empeño y desoyendo la opinión general, Strauss prosiguió con su idea, un proyecto descomunal.

Hasta entonces, nadie había creído posible unir las orillas norte y sur de la bahía de San Francisco mediante un puente colgante. En contra de todas las probabilidades y falta de fondos la gente voto a su favor y este gran proyecto finalizo 27 de mayo de 1937. Proyectar como emprendedores es esencial pero más llevarlo a cabo.

Pensamientos

Si tú no reconoces el poder del pensamiento cierra este libro y busca algo más que hacer porque no eres un emprendedor. Los emprendedores una de las cosas que reconocen a muy temprana edad es el poder que tienes los pensamientos. Los pensamientos son las cunas de lo que no es y lo que uno al final ama y busca en la vida.

Los pensamientos son engendradores de grandes caracteres, personalidades y empresas. Aquí empieza y termina todo. En los pensamientos esta la riqueza como la pobreza. En los pensamientos siembra el destino de los individuos triunfadores y los fracasados. Somos pensamiento. Tu futuro y tu pasado están en el pensamiento. Tienes que darle todo el valor al potencial que tiene el pensamiento porque allí empiezas, allí terminas.

Quienes le dan el debido lugar a los pensamientos podrán usarlos a su favor y crear en ello lo que quieran. Una vez reconocido el potencial que hay en ellos el emprendedor tiene la semilla de su futuro y dinero. Entonces podrás comenzar o corregir todo lo que te viene a la mente. Revisemos si apreciamos el poder del pensamiento una vez afirmativo confirmémoslos con acciones que los materialicen.

Ideas

Quienes aprecian los pensamientos forman ideas. Las ideas son como bebe crecido a un niño. Las ideas son pensamientos sostenidos y serios. Aquí los pensamientos han sido atrapados y analizados para hacer algo. En la vida de emprendimiento aquí es donde estas sembrando los pensamientos con la intención de cosechar algún fruto.

Ideas deben ser recogidas en lo que se conoce como proceso evaluativo. Al tener ideas debe sondearse y extraer lo mejor de lo mejor para entonces buscar darle vida en el mundo real. Las ideas son esas notas antes de escribir el libro. Es donde escoges lo mejor que quieres y puedes traer, darle vida.

Las ideas al final son las creadoras de las acciones y tiene el poder de materializar lo pensado. Ellas se aseguran que salgan los caracteres, destinos, productos, servicios, empresas, instituciones etc. Tus ideas son las madres de todo lo que vemos y veremos con lo que tú proveerás a este mundo necesitado de tantas cosas. Saca tus ideas y se un verdadero emprendedor, empresario, empujador, empedernido a tu deseo y visión de vida.

Programar

Se debe programar lo que se quiere. Esto es planificar lo que se desea. Si quieres ver tus sueños hechos realidad. Si deseas tu empresa, tú negocio empezar o ese libro escrito debes programar. Quien no programa no progresa, quien no programa no comienza, quien no programa solo se la pasa pensando que es un extremo que debe evitarse a toda costa.

Programar significa que tienes que asegurarte que lo que ahora sabes y quieres debe estar escrito en papel no solo en la mente. Esto requiere un plan, una estrategia, un equipo, fondos, fechas de comienzo y fin de proyecto. Quien no haga esto solo está paseando con una buena idea pero solo eso. No llegara a ningún lugar porque nunca comenzó nada o bien las cosas.

Es un deber y muestra de seriedad de un emprendedor el que convierta sus ideas en proyectos. Una vez hecho esto entonces empieza tu idea, tu empresa, tu verdad, tu libro, tu servicio, tu producto. Concluyo diciendo que quien no escriba sus ideas y lo que hará programándose en adelante ya es un fracaso y un asesino de ideas productivas. Escribe tus ideas y conviértalas en metas haciéndose.

Hacer esto te introduce a mundos con una mentalidad productiva, la formación de hábitos correctos y empiezas medir tu potencial en este mundo. Quien haga lo contrario solo llena un vacío valioso en la vida que otro podría y va a ocupar. La vida es bella y tiene sentido cuando traemos a vida lo que Dios nos permite pensar. De otra manera no tuviéramos esa capacidad.

Metas

Las cosas para un emprender, la verdadera vida de algo empieza al escribirse en algo, entonces tienes metas, objetivos y fechas destinadas pasar tener y dar lo que tanto has deseado. Las metas no nacen sino se escogen. ¿Porque son importantes las metas?, porque en ellas se direcciona las ideas a un plan, a una agenda, al trabajo, a la formación de esa empresa, ese servicio, esa institución o libro que tengas en mente.

Las metas ponen a prueba tu potencial y en ellas no solo encaminas tus ideas, sino que conoces lo que tienes y lo que no habías descubierto en ti, en tu idea, en tu objetivo. Aquí sabrás que seguir haciendo o dejar de hacer. Las metas requerirán estrategia, tiempo, dinero y personal para ir y viajar al logro de tu sueño.

Los emprendedores inteligentes son hombres y mujeres de metas bien establecidas. Quiero decir con metas bien establecidas, significa poner nombre al proyecto, equipo involucrado, capital para empezar, trabajar y terminar o sea un presupuesto. La fecha de comienzo, de revisión y cuando consideras terminar el proyecto. Quien no haga esto está destinado a ser un vagabundo de intentos en la vida. Una meta sin esto no sirve para nada.

Escribe tus proyecciones como emprendedor:

El Poder del Dinero

"El dinero es una herramienta. Te llevará a donde desees, pero no te reemplazará como conductor." - Ayn Rand.

Dinero

Este es un tema importante para todo aquel que desea avanzar con su emprendimiento. El dinero es la sangre para mover el negocio, pagar gastos, los empleados, pagarte a ti mismo, etc. Se puede iniciar y realizar algo sin dinero como lo hemos dicho en otros capítulos y libros sin embargo aquí deseamos enfatizar la importancia del dinero en un negocio.

Me viene a mente la historia de Warren Buffet. Desde muy temprano en su vida entendió el poder del dinero para hacer más dinero. Hoy es uno de los seres humanos más acaudalados de la tierra pero sus billones de hoy no son el resultado del azar. Todo fue pensado y planificado.

Desde niño Buffet respeto el dinero. Comprendió que dinero bien administrado da más dinero y si eres inteligente dinero bien invertido trabajo por ti. Sus primeros dineros en mano los invirtió en chicles que vendió a los 6 años. Más tarde dinero de los cuales invirtió en dos acciones con su hermana. Trabajo repartiendo periódico, hizo sus primeros 2,000 dólares, más tarde compra un rancho que les costó 1,200. Y esta bola de nieve que él le llama empezó a rodar hacia abajo en su favor y llego a tener lo que hoy tiene Berkshire Hathaway y ella tienes mas y mas empresas debajo de ella. Nunca, nunca tomes livianamente le tema del dinero ni mucho menos el dinero mismo.

Con dinero se llega lejos y si está bien administrado con buenos resultados. En el mundo del dinero hay dos cosas básicas que se debe comprender y es el dinero pasivo y activo. El activo es el que recibes como ganancia de cualquier cosa, es lo que te produce a ti. El pasivo es el dinero que te consume, es todo aquello que gasta, toma y no devuelve.

En la vida del emprendedor siempre debemos vivir con el dinero activo pues solo allí podemos multiplicar lo que poseemos. En mi opinión solo el concepto de administración puede establecer en nosotros los principios que permiten el dinero activo. La falta de educación financiera, depender de las emociones y el no pensar con la cabeza fría con conocimiento de causa y efecto nos lleva a la mayoría aun a los emprendedores a vivir con el dinero pasivo, o sea en mundo que solo gasta y no produce. No caigas en ese hoyo.

El valor del dinero

¿Porque es que muchos no logran ni dinero ni negocios? La razón es porque muchos no le dan su valor. Es increíble pero cierto solo está con los que le valoran, con quienes le aprecian, con aquellos que le buscan y atesoran. Por alguna razón misteriosa el dinero siempre encuentra cabida en aquellas vidas que están conscientes del valor de ello.

Por lo tanto antes que cualquier cosa debes asegurarte de que aprecias el dinero, respetas el dinero y reconoces el valor del dinero. De otra manera ocurrirá lo que hasta aquí ocurre solo verlas, desearás y en ocasiones lo que es ya una enfermedad crónica codiciarás el dinero y si te encuentras allí no deseo estar en tus zapatos ya que es difícil curarse, pero no imposible.

¿Por qué tengo dinero?

Para poder dar buen uso a tu dinero y saber invertir debes preguntarte ¿Por qué necesito dinero? ¿Para qué tengo dinero? ¿Cuál es el objetivo del dinero en mi vida? A menos que encuentres respuestas claras y concretas no podrás avanzar sabiamente en tu negocio o emprendimiento. Es una ley que el que no sabe lo que tiene no podrá usarlo bien.

Nosotros debemos saber que tenemos dinero para usarlo, para negociar con él, para invertirlo y sobre todo administrarlo con sentido. La vida a todos nos da una cuenta con la que al final de la vida nos pide cuentas o sea morimos con o sin ello. Quienes entendieron lo que es el dinero y porque lo tienen son los que emprenden, establecen y florecen en sus empresas, talentos, negocios, libros, música, arte, etc.

Administración del dinero

"Una persona inteligente debería tener dinero en su cabeza, no en su corazón."-Jonathan Swift.

Quienes tienen dinero y no lo administran es como no tener pues, aunque tienen siempre andan en desgracias y penurias porque es la plaga que domina a la gran mayoría de humanos, la falta de administración. Por lo tanto, si quieres triunfar haciendo buen uso del dinero tienes que entender que administración significa mínimo saber **exactamente** cuánto tienes, los beneficios de los bancos, un presupuesto bien claro y sostenible.

El presupuesto es lo más importante de esta área propuesta ya que ella le dará dirección verdadera al dinero y nos ayudará a saber que podemos o no hacer con lo que tenemos. Te sugiero que leas los mejores libros sobre el tema. Ve, toma cursos, clases sobre el mismo ya que tu inversión sobre el tema no será en vano.

Dejemos claro que en mi opinión hay varias formas de emprender en la vida. Una de ellas y es la más recomendable por este servidor es que usemos el material orgánico que Dios nos ha dado, la mente, los deseos, la creatividad, las ideas etc. Otra es dinero con el cual se hace y deshacen muchas cosas en la vida. En otras palabras, con el dinero puedes más rápidamente avanzar y crear. El dinero de otros que gustarían colaborar y solo invertir y esperar. Está también el dinero de los bancos o prestamistas privados. En fin, tienes varias formas de sacar provecho al dinero, pero como ya dijimos se necesita capacidad excesiva de administración para que se le dé la dirección correcta.

Ahorro del dinero

"No es cuánto dinero ganas, sino cuando dinero ahorras, cuanto trabaja para ti y para cuantas generaciones tendrás." - Robert Kiyosaki.

Aunque es posible emprender algo que no requiera dinero con cierta cantidad de dinero es importante tener un ahorro del mismo. ¿Por qué es importante el ahorro? Porque uno por más que desee y espere solo el éxito puede ocurrir algo fuera del presupuesto, de lo planeado que requiera el ahorro designado para emergencias.

Lo que estamos diciendo es que para poner en moción tu empresa u objetivo en la línea de emprendedor debes tener el poder y capacidad e usar tu mente, dinero bajo un claro presupuesto, una administración correcta y un ahorro para cualquier cosa inesperada que visite.

La verdad es que quien tenga un ahorro al iniciar tu emprendimiento es una verdadera señal de que va por buen camino. Muchos inicias algo sin dinero, sin la capacidad de administración y peor aún sin ahorros de estos son la mayoría de los que solo empiezan y nunca terminan y los bancos son felices con ellos porque siempre viven a merced de ellos pagando grandes sumas de interés del dinero prestado.

Inversión del dinero

Quienes poseen dinero o planeen tenerlo deben entender el poder que tiene el invertirlo. Si algo multiplica el dinero no es el negocio, la gente, las estrategias, no es el ahorro sino *el saber invertirlo.* Mucha gente tiene negocios pero fracasan por qué, porque escogieron el negocio equivocado por lo tanto la inversión fue incorrecta.

"Compra solo algo con lo que seas feliz si el mercado cierra 10 años." - Warren Buffett.

Hay empresarios que poseen dinero, empresas y empleados y fracasan por qué, porque no tomaron el tiempo para investigar si la inversión sería o no correcta. Quien no estudia cómo, cuándo y en qué se va a invertir antes de emprender dejándose guiar por la emoción de seguro estará en el negocio equivocado y por lo tanto la inversión será incorrecta.

"En la inversión, lo que es cómodo es raramente rentable." - Robert Arnott.

Otra cosa que debe entenderse es que la mejor manera de cuidar y ahorrar el dinero es invirtiéndolo. Dinero estancado o sea ahorrado es perderlo porque solo vive lo que se mueve. Por lo tanto debes estudiar donde quieres invertir y hacerlo. La prudencia es buena pero debe cuidarse no dejar que llegue a enterrar nuestro dinero y a continuar en la pobreza por miedos creados por nosotros mismos.

Aunque debemos avanzar sin miedo una vez establecido el emprendimiento también es necesario permitir un margen de error, aun estar listos para los tropiezos y fracasos. Este conocimiento es de suma importancia por cualquier cosa que pase fuera de nuestro control. Quienes permiten un margen de error son los que avanzan pues no le tienen miedo a las consecuencias ya sean positivas o negativas.

El dinero tiene que movilizarse y que mejor multiplicándolo en algún emprendimiento bien planeado. No le tengas miedo al futuro solo intentando con inteligencia podrás saber el final. Invierte lo que tienes y veras que valió la pena si le pones el corazón, la mente y todo el esfuerzo inteligente para ver resultados deseados.

"El dinero no crece de los árboles, pero si crece de forma parecida a los árboles; necesita sembrar acciones y esperar un tiempo prudente para dar sus frutos." - Lifeder

El Poder de Crear un Ciclo

"Un sistema es una combinación de componentes que actúan conjuntamente para alcanzar un objetivo específico."
- Katsuhiko Ogata

Producto

Ningún emprendedor tendrá alguna vez el placer de haber nacido y apreciar la vida si no llega a tener su idea, su producto, su servicio, su empresa etc., realizado. Una vez con producto en mano empieza el proceso de vender. Quien tiene producto o servicio en algún momento tiene que ir al público y presentarlo. Esta acción es la única manera de medir el valor o el nivel de impacto al suplir la necesidad con lo que ofreces.

No cometas el error de millones que solo piensan, sueñan y vuelven a suspirar, pero eso es todo lo que hacen, no avanzan, no terminan un producto, no procesan esa idea en un servicio y se la pasan pensando y arreglando, puliendo y nunca, nunca salen al público.

Vender

Una vez sabes que tienes una idea vuélvelo un producto o servicio. Una vez tengas el producto o servicio tienes que traerlo al público. Llegó el tiempo ahora de vender. Ese público inicial puede ser tu familia, tus amigos, tus conocidos, tus vecinos y ellos harán su trabajo si les gusta y lo llevarán a sus familiares, amigos y vecinos y esos a sus familiares, amigos, conocidos y vecinos y esos a....entiendes el punto tienes que presentar en algún punto de tu experiencia tu producto, servicio, programa a todos, etc.

Vender tiene su ciencia, tiene su forma, requiere una estrategia para poder llegar a la gente. Debes educarte en lo que es "publicidad" es muy importante que te informes bien, que investigues las áreas, la gente, el público que deseas alcanzar. ¿Cuál es tu estrategia? ¿Cómo piensas llegar a la gente? ¿Cuál es tu marketing?

Por ejemplo si eres un conferenciante debes establecer el área en que deseas enfatizar o dedicarte, liderazgo, motivación, como vencer X cosa, familia, juventud etc. Una vez escogido lo que tienes para dar ahora debes escoger tu estrategia que en este caso podría ser ofrecer las conferencias de liderazgo a instituciones locales, iglesias, empresas etc. Una vez claro eso ahora tu estrategia de publicidad, usar masivamente la radio, la TV, el periodo, el email o redes sociales etc. Allí estableces que tan frecuentes enviarás información de producto o servicio y una vez hecho esto es imposible que no hallan respuestas, resultados. Tienes que producir tu mercado.

Revender

Una vez comenzada la bola hacia abajo ella camina sola. Tienes que empujar duro al principio tienes que buscar publicidad, gente, formas de llegar a muchos para llegar a todos los que deseas. Sin embargo aquí no termina todo tienes que mantener la mano en el timón de las ventas o sea vender y vender una y otra vez con la intención de que en algún punto tu producto o servicio se venderá solo por las personas atraídas a ti.

"Cualquier tentativa de diseño de un sistema debe empezar a partir de una predicción de su funcionamiento antes de que el sistema pueda diseñarse en detalle o construirse físicamente. Tal predicción se basa en una descripción matemática de las características dinámicas del sistema. A esta descripción matemática se le llama modelo matemático." - Katsuhiko Ogata

Revender no es otra cosa que estar enfocados con el objetivo inicial. Quien sabe revender aprendió a vender y quienes revenden son aquellos que saben que tienen un buen producto o servicio. Este es el camino de todos los que triunfan y es por donde se mantienen para llegar a ser productivos.

La clave para todos los que estamos en este camino jamás debemos olvidar la razón única por lo cual existir y proveer un servicio o producto y eso es agregar siempre valor a la humanidad. Solo estos que proveen valor, suplen necesidades, dan algo para hacer mejor la vida de la gente son los que han vivido con sentido en esta vida. No importa que hagas o traigas al público asegúrate que estés agregando valor en todo y a todo y siempre, siempre triunfarás.

Clientes

"Los medios quieren éxitos de la noche a la mañana. Ignóralos. Ignora también a los inversionistas que quieren tácticas probadas y resultados instantáneos y previsibles. Escucha en cambio a tus clientes, a tu propia visión y haz algo que dure mucho tiempo" - Seth Godin, gurú del marketing.

Aunque tu producto o servicio sea el mejor no puede estar encima del cliente. Tu mas importante conocimiento es entender al cliente, su psicología, sus necesidades pues al final ellos son los que hacen o destruyen la razón de tu existencia, producto o servicio. La base de todo éxito de los productos y servicios esta en conocer y darle el lugar correcto a los clientes.

Es de importancia conocer a tus clientes, sus gustos, aunque repetitivo no deja de ser importante al contrario es significativo para la prosperidad de lo que ofreces. Date el tiempo de conocer la psicología humana, tus clientes pues en ella encontraras consejos, sugerencias, críticas, ideas para hacer mejor tu producto o servicio y así ellos estarán felices y tú una persona próspera.

No ser cargante

En el proceso de presentar tu producto debes aprender a no ser molesto. En otras palabras debes *buscar formas* en que no aparezcas desesperado por vender tu producto aunque ese sea el caso debes aprender cómo hacer publicidad, a cada cuanto enviar información o promociones, cupones etc. Nunca olvides la regla: agrega valor siempre y estarás bien.

Al realizar publicidad constante no puedes ignorar el poder que tienen las emociones y por lo tanto debes tocar emociones haciendo conexiones con tu servicio o producto. Que los clientes puedan ver tu sinceridad, transferencia y sobre todo tu amor por ellos, tu deseo de que tengan mejor vidas, más fáciles, menos estresante. Una vez sepas acercarte al público por medio de las emociones y la correcta psicología te llevará lejos.

Al revender no olvides que la mejor impresión esta un ser breve y al punto. Pero creo que la mejor manera de ponerlo es "una imagen dice más que mil palabras". Por lo tanto di lo más que puedas en fotos, imágenes, en breves frases, que lleven el mensaje y la conexión de sus emociones y psicología, entiende que estás supliendo su necesidad y agregando valor.

Ciclo del Emprendedor Inteligente

Muchos emprenden, sacan sus productos, sistemas, programas, servicios etc. Crean su empresa y la sacan al público pero se quedaron a medias. No entendieron que el negocio, o lo que ofrezcan debe ser estar involucrado bajo el concepto y sistema de "ciclo". Solo los negocios en "ciclo" o "sistema" venden masivamente.

¿Qué es Ciclo? Es: **"Serie de etapas o estados por los que pasa un acontecimiento o fenómeno que se repiten en el mismo orden hasta llegar a una etapa o estado a partir de los cuales vuelven a repetirse en el mismo orden..."** - Diccionario

Nunca olvides los emprendimientos metidos en la *rueda de la fortuna* son los negocios rentables. Digo, grito y enfatizo amigo emprendedor tienes que cerciorarte de que tus clientes siempre estén regresando a ti por el producto, o tus servicios. Cuando la gente regrese voluntariamente a ti, estén ansiosos por lo que tu ofreces entonces has convertido tu negocio en la bola, sistema de Warren Buffet esa que solo incrementara tus ingresos.

Para que entiendas mi punto solo ve, analiza y estudia el sistema - ciclo de McDonald, Disney World, la Televisión, los cines, Starbucks, portátiles, celulares, supermercados como Wal-Mart, servicios de agua, luz, alarmas de casa, aseguranzas y hoteles como el Hilton. Estos claros y básicos ejemplos son suficientes para expresar que las empresas, productos, servicios buenos son exitosos en *crear ese ciclo que siempre tiene al cliente adentro del mismo* y eso es lo que siempre buscara construir el verdadero y exitoso emprendedor exitoso.

La Tecnología

"Cuando dejas de soñar dejas de vivir" - Malcolm Forbes, presidente y editor en jefe de la revista Forbes.

La plataforma

No podemos vivir en mejor época que la nuestra. Llena de tecnología que literalmente facilita el acceso a millones y millones de personas. La tecnología es la mejor plataforma para la promoción de cualquier cosa y el emprendedor que no ha visto esto en esta época y piensa poner un puestecito en la esquina así llegar al otro lado del mundo está totalmente perdido.

Lamentablemente hay personas que desean emprender, o aun peor han emprendido, pero NO han despertado a la importancia y poder de la tecnología. ¡Estan perdiendo grandes oportunidades y sumas de dinero! Un vivo ejemplo de como usar la tecnología en tu emprendimiento esta Raquel Cañas una latina quien no solo es la más famosa en su área en el Salvador sino gracias a estas oportunidades e inteligencia es influencia en la moda en todo centro américa. Vio una necesidad, la suplió y ella la ha vuelto famosísima tanto que hasta la pantalla grande la esta mencionando. "Raquel Cañas, se ha convertido en una de las más influyentes blogueras de moda en El Salvador donde ya tiene más de 90 mil seguidores." – Telemundo. Este es un pequeño ejemplo del poder de la tecnología bien usada.

La tecnología de hoy es la mejor plataforma para venir al público y lo más hermoso es que en su mayoría es gratis, fácil y rapidísimo. Los emprendedores y más exitoso de hoy día son aquellos que tomaron el internet como su oficina, su empresa, su dinero, su capital, su producto, su servicio estos son los dueños de lo más buscado en el mundo, productos y servicios. Negocios por internet han podido gobernar sobre muchos negocios convencionales.

Toma demasiado en serio cuando digo que el internet es el mejor nicho para los emprendedores modernos, y especial si no cuentas con mucho dinero o sin dinero para empezar tu empresa, negocio o servicio el internet te da la ventaja y no te pide dinero para realizarlo. Usa esta plataforma y no te arrepentirás.

Redes sociales

Uno de los nichos que producen huevos para emprendimientos hoy día son las redes sociales no importa que hagas debes tener y usar las redes sociales como Facebook, Twitter, google, LinkedIn, Reddit, Instagram, Pinterest, Tumblr, Flickr, Vimeo, deviantART, SoundCloud, Badoo, Tagged, MySpace, hi5, Netlog de Terra, YouTube, Snapchat etc., etc.

Si quieres traer algo al mundo hoy día y sin mucho dolor de cabeza por no tener el dinero o personal, o edificio para inicio de tu emprendimiento debes explotar la plataforma de las redes sociales al máximo. En esta gran plataforma encontrarás el nicho necesario dónde empezar de lo que un día no te arrepentirás de haber emprendido y llegado con tu producto, servicio o empresa.

El correo electrónico

El otro medio muy conveniente y fácil de usar es el correo electrónico. ¿Quién no tiene un correo electrónico hoy día? Este es otra forma de poder acercarnos a la gente y llegar de manera más privada y personalizado y privado.

Quienes desean emplear esta vía deben acrecentar su cartera de personas, amigos, conocidos etc. o comprar de esas empresas que tienen formas de enviar cierta información a la clase escogida o te venden esa lista que te interesa y una vez usado créeme que te emocionará ver los resultados de usar esta herramienta.

Una de las grandes ventajas que he visto en este medio es que puedes personalizar tu mensaje y programarlo a cualquier día, hora o mes del año y eso sí que facilita tu vida y promueve tu servicio o negocio mientras haces lo que te gusta o duermes. Si deseas invertir un poquito hay empresas que hacen todo por ti, mensaje, lista y horarios.

Videos

La plataforma de los videos es increíble. Hoy no es difícil grabar un video de cualquier cosa con un cámara básica y si tienes los medios una profesional para presentar tu producto o servicio. Los videos o sea imágenes tienen mejor impacto que las letras. No ignores como emprendedor este medio.

Invertir tiempo y dinero en hacer un par de videos sí que abrirá puertas y traerá gente a tu negocio. Puedes pagarle a alguien si gustas para hacer la presentación, modelos que buscan servir estarán a tu disposición y lo más fascinante que no tienes que tener un estudio pues hoy día tú puedes hacerlo desde donde estés o lo ordenas y te lo proveen aunque vivas en el rincón del mundo.

Textos

Otro de los excelentes medios que la tecnología permite hoy casi gratis o a buen precio es el envió de textos. En estos textos tú puedes alcanzar, reclutar gente, público o promocionar tu producto o servicio. Los textos tienen poder de generar para tu negocio, producto o servicio porque hoy día quien no tiene un celular.

Los textos hoy día pueden ser enviados desde tu celular, o algún servicio de internet. Hay empresas que te permiten enviar textos desde el internet sin uso de algún número o celular físico. Si eres un buscador diligente encontrarás empresas que ofrecen este servicio gratis con algunas condiciones, pero tolerables para el uso.

Creo que los textos, o textos por medio de redes sociales es una manera más rápida de alcanzar a alguien aún más rápido que las redes sociales, videos o correos electrónicos. La razón es que el celular la persona lo tiene las 24 horas a mano y lo que más rápido revisan sus mensajes de texto. Por lo tanto no pases esta información al azar pues puede ser tu mercado de publicidad más exitoso.

Página web

Para concluir uno de los ingredientes más importantes en el uso de la tecnología es tu propia página web. Te doy unas razones porque debes tenerla. 1 – Te da una presentación profesional. 2 - Te hace ver a ti y a tu negocio muy serio. 3 – Hace ver que te va bien en el negocio. 4 – Tu producto o servicio es conocido. 5 – Hace que tu producto o servicio se vea como una marca conocida. 6 – Trabaja por ti mientras duermes, comes, haces otras cosas, o estas abriendo o trabajando en otro negocio. 7 – *Te presenta como empresa.*

Hoy día nada difícil es tener tu propia página web. Hasta puedes obtenerla gratis si sabes buscar servicios. Lo gratis solo recuerda tiene algún costo, pero al final si logra tu objetivo de presentarte al público ¿por qué no usarla? Pero mejor es tu propia página aunque inicialmente tendrás que invertir dinero en ello. Yo por nada del mundo me arrepiento haber invertido en ello pues ha sido la puerta a muchos mundos y oportunidades. www.miguelmartin.info www.miguelmartineducationcenter.com

Si necesitas ayuda en cualquiera de estos pasos o elaborar tu propia página de internet puedes contactarnos y cotiza tu propia página.

El Poder del Equipo

"No tiene nada de malo ser pequeño. Puedes hacer grandes cosas con un equipo así" - Jason Fried, fundador de 37signals.

Reconocer tu necesidad

Lo más pronto aprendas y sepas que no puedes realizar todo tu solo entonces comprenderás la importancia de un buen equipo. El equipo del cual hablamos aquí es o son aquellos que entienden tu visión y están comprometidos contigo en traer valor a la gente por medio de lo que ofreces. No llegarás a esto amenos que comprendas que en un negocio necesitas gente que te ayude.

En un negocio necesitas socios, un comité de investigación, de administración, empleados, ayudadores, alguien que sepa de tecnología, gente que trabaje por ti en las redes sociales. Alguien que sepa de contaduría y mantenga en orden tus finanzas. Los negocios que prosperan y logran sus objetivos son aquellos que cuentan con un sin número de cerebros para formar la imagen del producto y o el servicio pronosticado.

La verdad es que sólo un tonto piensa que lo sabe todo y que puede hacer todo solo. Hay algunos que lo han intentado y han triunfado por un tiempo pero la gran mayoría necesita de un equipo. No debes desesperar si no cuentas con dinero tal aventura comienza con tu familia y amigos y ellos serán los primeros en decir si ¡aquí estoy!

Valorar a otros

Para poder integrar más gente a tu equipo tú debes aprender a darle valor a la gente. Tienes que reconocer que tienen habilidades, dones, talentos y en muchos casos tiempo que tu no tienes. Todo esto es posible si valoras a los demás.

Darles valor a los demás equivale a dejar creer que lo sabes todo, que solo tú puedes lograr. En esto es de suma importancia aprender a tolerar a otros, a dejar que las críticas lleguen, que otros hablen y los demás proveen sabiduría para salir al público, mejorar producto y servicio o revisar y comprobar estrategias etc.

Reconocer, manifestar respeto y darle el lugar a la sabiduría, consejos, opiniones y críticas de otros requiere valor del que muchos no cuentan o no quieren darlo. Tú debes ser diferente y muy proactivo para que esto sea una realidad. No comiences pensando que solo los usarás mientras tú logras triunfar, o sea no abuses de la confianza que la gente pone en ti al inicio. Tienes que valorar a los demás pues es el camino del éxito de tu negocio.

Escoger a los mejores

En cualquier línea de negocio es importante rodearte de lo mejor, familiares, amigos, vecinos, conocidos y cualquier otra persona. La verdad es que para escoger lo mejor requiere sabiduría, saber lo que se quiere, respetar a los demás, convencimiento y una propuesta que beneficie a todos ya sea en beneficios, ganancias o lo que ellos obtendrán al subirse al barco contigo.

Para que tu empresa salga al público, para que impactes al público y para que el público después de conocer de ti o tu producto regrese tienes que tener un buen equipo, solo lo mejor atraerá más clientela. Por lo tanto tienes planificar como tener lo mejor a tu lado, en tu equipo y haciendo tu producto para tener lo mejor en el mercado.

Escoger lo mejor también involucra los mejores programas, imágenes, estrategias, plataformas de internet. Muchos no consideran esto y empiezan con lo que creen que deben empezar sin investigar y dedicar tiempo a buscar lo mejor de lo mejor para llegar lo mejor de lo mejor en este mundo tan competitivo del negocio. Correcto, lo mejor de lo mejor requerirá la mejor estrategia y planificación económica que tengas de otra manera sólo intentarás y allí te quedaras intentando o saldrás al mercado a fracasar.

Si no cuentas con fondos o mucho capital para tal aventura aun así el principio de lo mejor de lo mejor se aplica a lo que tienes a mano, cerca de ti. No lo dudes siempre encontrarás gente que es mejor que tú y que su intención verdadera es bendecir, servir y ayudar a los demás y a ellos no les importara el dinero y te ayudarán para que lo que tengas llegue al público. Búscalos y los encontrarás.

No dejes que la falta de dinero impida que tengas el mejor equipo.

Permitir la delegación

Para tener un buen equipo tienes que aprender a delegar. Aquí es donde la mayoría de emprenderos fracasan. Creen que solo ellos pueden hacer lo que piensan. Mentira. Tienes que delegar para triunfar, para prosperar y tener éxito. No tengas miedo hazlo.

Cuando hablamos aquí de delegar nos referimos a que tienes que delegar responsabilidades, acciones, trabajos a otros. Hasta donde sea posible tú tienes que coordinar o supervisar. También nos referimos aquí a que tienes que aprender a usar los métodos que otros ya han utilizado para tener éxito esta es otra forma de delegar y triunfar.

También para nosotros delegar involucra buscar que otros que hagan el producto o servicio por ejemplo: Si pones una tienda de tamales y a ti te sale muy caro tener o pagar el arriendo del local, empleados y hacer los tamales entonces delega este negocio a otros que ya lo hacen y tú solo buscas la forma de revender los tamales al final buscas ganar y lo haces no pagando todos los gastos que otros podrían hacer por ti y tu ganas más solo revendiendo los tamales. Para triunfar hay que pensar y buscar las mejores estrategias, formas y medios para realizarnos y realizados seremos.

Acepta la crítica

Una de las cosas que a los emprendedores les desanima son las críticas. Aquí te recomiendo que de una vez por todas sepas que las críticas estarán a la puerta no las puedes evitar. Lo que te está comiendo es que no sabes que las críticas son parte del rompe cabezas que nos lleva a la cima del éxito. Aceptando las críticas como parte de la experiencia encontrarás que ellas son para tu bien y tú le darás una dirección debida a ellas y servirán a tus pies. Que poder hay en el poder manejar y darle dirección a las críticas.

Las críticas bien recogidas de tu parte te llevarán a la oficina para reevaluar y preguntarte ¿Cómo puedo traer un mejor producto? ¿Qué más me hace falta? ¿Dónde estoy fallando para tener un mejor servicio? ¿Qué plan, estrategia o medio necesito reevaluar o cambiar? Las críticas colectadas con inteligencia solo pueden servir para hacer de ti algo mucho mejor y producto pulido para triunfar.

Las críticas tienen el poder de destruirte o construirte y eso tú puedes decir que hacer con ellas. Yo te aconsejo que de aquí en adelante empieces desde ya a formar un equipo y ser abierto a las críticas a cualquier cosas para que puedas probar de que estas hecho y puedes dar a este mundo tan necesitado de gente como tú para hacerlo mejor. Si quieres tener un equipo excelente se tu parte del equipo de otros que de seguro te formarán para llegar a ser lo que debes ser.

Una empresa exitosa con impacto mundial, como gran ejemplo de tener, reconocer y manifestar un equipo es indudable Bimbo. Pero esto no surge del azar, de un emprendimiento barato, pasajero. No. Todo el éxito está íntimamente ligado a su visión, pero sobre todo a sus valores. Son estos valores, emanados de su fundador Don Lorenzo Servitje y su hijo Daniel Servitje, los que han sido el motor de ésta exitosa empresa. Estos valores, los dos subrayados en negrita deseamos recalcar:

Persona

Pasión

Rentabilidad

Efectividad

Trabajo en equipo

Confianza

Calidad

Quienes están conscientes, respetan y le dan autoridad a las personas que forman su equipo, ya sean empleados, socios, colegas etc., son las empresas que están destinadas al éxito. Es imposible perder. Siempre recuerda que no hablamos de emprender y jugar al negocio sino de ser un emprendedor INTELIGENTE.

El Poder De La Administración

"Aprendí administración de las hormigas; música, oyendo los aguaceros; escultura buscando parecido a los seres en las líneas de las rocas; color, en la luz; poesía, en toda la naturaleza." – Salvador Rueda.

Concepto

Todo es un concepto. Uno es lo que piensa. Lo que tenemos es el resultado de nuestra manera de pensar. Si uno es desorganizado en pensamientos así será en la vida. En otras palabras la organización verdadera empieza en la mente. Todo lo físico empezó en la mente y así es con el éxito de un producto o servicio. Ningún negocio tendrá éxito si no se establece una organización sólida, inteligente y capaz.

Muchos solo piensan en traer al público un producto o servicio e ignoran totalmente el poder que tiene la **administración de todo lo que piensan realizar o hacer.** Abrumados por las ganancias inician perdiendo por la falta de organización de todo lo que hacen. Solo aquellos que desde la mente organizan sus pensamientos, sus ideas y así sus acciones son quienes disfrutan sus éxitos.

Creo un de los lugares donde podemos aprender de organización y administración es una oficina de abogados. Observa el lugar desde que te recibe la recepcionista, la forma en que están la sala de recepción. Los cuartos de consulta. El cómo se ven esos cuartos. Los colores de cada detalle incluyendo las flores. Imágenes. Observa los cajones de archivos. Nota como anotan los detalles. Observa el cómo agendan. Mira las computadoras. Mira el cómo está la mesa del abogado. Observa la forma en que viste el abogada o abogada, sus secretarias o secretarios. Mira los horarios de servicios. Toma nota de su visión, misión, de sus reglas etc. Mira su logo. No dejes pasar la forma en que firman y su firma. Todo tiene un lugar. Mira lo forma en que están sus libros. Estudia sus gestos, sonrisas aun el cómo te saludan. Aprende del cómo te dieron una cita, el cómo usan el reloj. Tienes que aprender el cómo distribuyen el tiempo. Toma nota del como todo es administrado en esa oficina. Te digo esto porque yo vivi y trabaje para uno de ellos. Todo está estudiado y administrado. Este abogado no solo era fiel a los detalles, organización, administración sino era estricto en todo. Todo lo que se observaba en su oficina lo era en su vida privada, hogar, casa primero. La administración tiene un precio no es gratis.

Nada podrá triunfar sino vemos la gran influencia que tiene en los resultados el ser bien organizados. Tienes que cambiar de conceptos, ideas, pensamientos sobre lo que trae el éxito para poder ser exitoso. No son sólo los productos que traen éxitos sino la manera en que el productor se organiza. En otras palabras, el éxito de lo que sea empieza con el concepto de la persona.

En esto de la organización aprendamos de las hormigas. Ellas son grandes maestras. **"Las hormigas y las termitas tienen una organización social incluso más compleja que la de las abejas. Ambas especies han alcanzado el grado de desarrollo agrícola: cultivan hongos. La abundancia de hormigas en prácticamente todas las partes del mundo, incluso en los desiertos y en las zonas pantanosas, es debida a su exitosa explotación de todas las fuentes de alimento y a su organización social. Se comportan como amas de casa muy cuidadosas y acumulan montones de basura en áreas abandonadas, a donde llevan todos sus desechos y los cadáveres de sus muertos. Descubrieron millones de años antes que Pasteur que no pueden vivir juntos y con salud muchos animales en un mismo lugar sin mantenerlo limpio." – Hans Ruesch.**

Cuando pienso en organización y administrar en los negocios, emprendimientos pauso y pienso en 3 áreas **totalmente exitosas en su administración:**

El universo. ¿Qué pasaría sin su administración silenciosa pero exitosa y constante?

Un avión. ¿Cómo sube y aterriza un avión en tal perfección y orden? El poder la administración lo permite.

El cuerpo. ¿Por qué tenemos las partes que tenemos y que seriamos sin ellas? El cuerpo en nosotros mismos es un claro ejemplo de la importancia de esta administración inteligente.

Oficina

Todo emprendedor debe tener su oficina de otra manera no tendrá administración efectiva. Una oficina para todos es importantísima. Muchos cometen el error de pensar que ellos tendrán una oficina hasta que el producto o servicio tenga éxito. Error de errores.

Tu oficina es posible mucho antes de crear un producto o servicio. Es más si estás leyendo este libro y no posees una oficina estas atrasado en tus posibilidades en la vida.

Oficina para mi es todo lugar donde tú puedas trabajar, tener archivos, folders, una mesita, plumas, calendario, colores para subrayar. Un borrador, un lápiz, cuaderno de notas. Hojas para escribir etc. Tienes que escoger un lugar de trabajo a donde tú puedas llamar oficina.

Yo empecé con mi oficina personal en el carro el lugar del pasajero. Luego la moví a una parte de mi baño, más tarde use el closet, en un tiempo use un cuarto que un amigo tenia desocupado. También use el garaje. Hubo un tiempo que mi oficina fue una de esas casitas para guardar materiales de construcción, donde tenían los aparatos para cortar pasto. Luego las cosas cambiaron hasta que llegue a tener un cuarto solo para mi oficina.

Quienes hagan esto es ley que terminarán con oficinas de empresas, negocios o servicios porque quienes temprano empiezan tarde que temprano llegarán a tener sus oficinas oficiales. Nunca dejes que los comentarios de los destruidores de sueños te roben esta bendición y rica experiencia de tener desde ya tu propia oficina. Recuerda tu oficina es lo que tu llames oficina lo importante aquí es que tu sepas que es y uses físicamente como tu oficina.

La palabra oficina a tu mente, a tu vida, en tu hogar, en tu emprendimiento le da seriedad, propósito, y sobre todo manifiesta que eres una persona organizada y que sabes lo que requiere para llegar lejos en la vida. Ningún emprendedor llega a triunfar sino se establece desde su mente, hogar u cualquier otro lugar con organización. Tu oficina dice todo de quien tú eres y adonde deseas llegar. Si no tienes espacio donde ponerla quita la TV o cualquier equipo de sonido y pon allí tu oficina que eso te dará un futuro maravilloso que la TV o equipo de música, juegos etc.

Hoy día con tanta tecnología es imposible no tener una oficina portátil. Así es me refiero a tu celular, tableta, computador etc. Los celulares inteligentes te dan tanto que hasta el más ignorante puede tener su propia oficina. Excusas sólo son excusas el que quiere tener algo lo tiene porque lo quiere.

En el momento que escribo este libro mi oficina portátil es mi celular. En ella tengo mi teléfono, agenda, calendario, es una de mis secretaria que registra, graba y me recuerda promesas, deberes, responsabilidades. Allí tomo fotos, archivo documentos, escaneo y envió a otros la información. Por todos estos servicios para mantener mi oficina solo pago alrededor de 50 dólares al mes. Que asombrosa época en la que vivo hoy día. Maravillosa época no hay excusas.

Archivos

Uno de los grandes hábitos de todo emprendedor es el hábito de archivar toda información. Indiscutiblemente que el primer lugar para hacerlo es la mente. Sin embargo no todos somos fotogénicos, necesitamos de formas para guardar nuestra información de la cual podamos hacer uso cuando se necesite.

Debes aprender a archivar todo lo de importancia. Quiero decir aquello que es relevante a tu producto o servicio. Todo lo que tenga que ver con programas, productos, servicios similares debe archivarse. Todo lo que hagas o hagan tus socios, amigos o empleados debe ser ordenadamente guardado para uso futuro.

Se debe archivar para referencia y por categorías. Algunos archivan usando el abecedario, otros colores, otros por nombres, otros por números. Tú tienes que usar el que mejor que funcione para ti.

En que archivar no importa pero si gustas puedes hacerlo en folders, cajas, bolsas, hoy que vivimos en un mundo digital todo lo que es documentación es de lo más fácil realizar. Sin embargo te aconsejo si guardas digitalmente asegúrate que tengas una memoria externa para poner todos tus archivos allí de otra manera si tu portátil se descompone perderás toda tu información. En este mundo de emprendimiento hay que ser creativos y buscar siempre las formas de ahorrar y tener lo mejor en sistema, programa para lograr buen impacto con nuestro fin que es llegar a la gente con buen producto o servicio.

Equipo

Ninguna administración tendrá alguna vez éxito si no se tiene un buen equipo. Por lo tanto sabiduría debe ejercerse al escoger a los que formarán tu equipo de trabajo. Cuando hablamos de equipo nos referimos a tus amigos, socios, comités de empresa, producto o servicio, publicidad, empleados por lo tanto la formación de equipo o equipos es sustancial en el inicio de un emprendedor.

Como emprendedor tienes que dejar tu orgullo y bajar tus pies a la tierra y reconocer que solo no podrás realizar todo para salir a triunfar con tu negocio. Tal vez al inicio te vuelvas mil usos, pero tarde que temprano te darás cuenta que dos personas pueden mejor que una, dos mentes pueden más que una. Una estrategia combinada con otra forma una estrategia excelentísima.

Muchos emprendedores cometen el error de querer hacer todo solo y esa es una de las razones porque muchos de ellos nunca salen al mercado o les lleva añales para realizarlo. La formación de un equipo en cuanto se pueda mejor. Hoy día hay muchos que tienen los mismos sueños, deseos o planes y si los encuentras serán tus mejores aliados y sobre todo consejeros. Por lo tanto no trabajes sin equipo busca uno cuídalo para poder ir bien lejos y con éxito.

Empleado

Parte de la administración es tener empleados. Cuántos y cuándo tener dependerá de tus necesidades, fondos y presupuesto. Pero si es importante que en cuanto puedas emplear a alguien lo hagas esto si está bien organizado y todo lo demás se ha hecho con mucho cuidado escoger empleados le dará una seriedad, confianza y solides a tu negocio.

Al buscar empleados debes mantener en mente que buscas lo que necesitas y supla tu necesidad. Algunos emprendedores involucran a un familiar o amigo solo porque son amigos o familiares y no saben poco o nada sobre el negocio. Es importante involucrar a gente que ya sabe en qué se está involucrando aunque inicialmente requerirá de tu dinero traer más rápido crecimiento a tu empresa que cualquier otra cosa ya que no estás empleando gente nueva sino gente con experiencia.

Una organización de éxito depende de sus empleados pues

son ellos lo que hacen que funcione, que el producto llegue al público, son ellos los que lo producen son ellos los que al final le dan imagen a la empresa, producto o servicio. Los empleados juegan un gran e importante papel para la prosperidad del negocio por lo tanto al escoger empleados debemos escoger a los mejores y darles su lugar como parte integral de la administración.

Negocio

El negocio jamás existirá con una imagen impactante y para quedarse si todo lo anterior en este capítulo no está en moción. Todo buen negocio es el resultado de una buena administración. Es increíble pero cierto el ánimo, creencia y confianza de los involucrados en el producto o servicio tiene una influencia increíble de cómo llega el negocio al público. Lo que somos como emprendedores tiene efectos públicos.

En un negocio no solo el producto o servicio debe ser evaluado una y otra vez antes de salir sino también los motivos, ánimo y confianza. Si las creencias no están sintonizadas con el producto o servicio y el público entonces los efectos negativos serán vistos. Los pensamientos, convicciones y emociones le dan un toque final que se extiende más allá de las paredes o productos digitales de la empresa.

Ningún negocio bueno produce un público por casualidad. Por eso es que las grandes empresas siempre buscan una conexión emocional entre el público y el producto o servicio pero más asegurarse que sus empleados estén felices, convencidos de que traen algo buenísimo al público. En breve lo bueno, lo excelente, lo que bendice y prospera no empieza en la empresa sino en la mente, en las emociones y convicciones de todos los humanos involucrados en el producto y servicio.

Sé Un Experto

Dedícate a una cosa

La capacidad de "Los mil usos" en algún tiempo es necesaria pero no toda una vida. Los emprendedores de éxito son aquellos que aprenden temprano en la vida del emprendimiento que es necesario e importante dedicarte a una cosa. ¿Por qué dedicarse a una cosa solamente? Porque te permite venir al público con algo que *tiene todo lo tuyo* que marca la diferencia.

Al dedicarse a una sola cosa nos permitimos sacarle el mejor provecho a nuestra propia existencia. Enfocados a una sola cosa nos permitimos a darle nuestro todo, nuestras mejores energías, conocimientos, atención. Hacer esto es lo que permite que quien empieza bien termina bien en la vida.

No seamos chapuceros en la vida, cuando se trata de triunfar en la vida y buscar dejar legado no seas mil usos. Tienes que escoger lo que te gusta hacer, lo que te fascina, lo que te apasiona. Aquí tienes que decidir qué quieres hacer y realizarlo. Al principio es un camino solo, sin muchas esperanzas y apoyo, pero al final no te arrepentirás haber tomado ese sendero.

Ve una necesidad y súplela

Una vez estés convencido que tienes que escoger hacer una sola cosa, dedicarte a un solo asunto, producto, idea, servicio es genial y productivo, pero debes comprender que para tener éxito tienes que aprender a entrar a un concepto que se llama analizar.

Detente, porque lo que te presentaré es el secreto de traer algo productivo, no se trata de producir algo en producto, servicio etc. Poder analizar es un hábito que requiere mucha disciplina. Ella es la que te permite preguntar ¿cómo puedo suplir una necesidad de mercado, de iglesia, de familia? ¿Qué es lo que necesita la gente en tal área? Aquí nos volvemos buscadores de necesidades para poder traer soluciones, servicios o productos específicos.

Una vez encontrada la necesidad tienes que activar tu laboratorio y empezar a buscar soluciones, productos, servicios, sistemas etc. Entonces tienes que hacer todo para conectar tu conocimiento, experiencia con algo que necesite la gente. Una vez hayas hecho eso has empezado de verdad un sendero que traerá abundante éxito a tu vida. "Piensa, analiza, busca necesidad, produce especifico" es nuestro lema como emprendedores inteligentes.

Añade valor

Los emprendedores de éxito son solo los que **saben de antemano** qué buscar y añadir valor a los demás. Quienes empiezan con el deseo de hacer dinero casi siempre fracasan. Misterios de misterios aun los más malos en motivos o caracteres cuando buscan ayudar a alguien en algo o proveerle algo que le sirva y haga la vida más fácil son los que llegan lejos con sus servicios o productos.

Tienes que aprender y aplicar el concepto de hacer todo con la plataforma y psicología de añadir valor en todo lo que hagas. Hacer más fácil y alegre la vida de la humanidad. Cuanto tú mismo tienes valor, das valor, contribuyes a la felicidad y de los humanos. El valor que uno añade siempre surgirá de los buenos conceptos, principios y claro valores que poseas.

¿Por qué crees que las empresas más grandes y exitosas de aerolíneas, automóviles, teléfonos, mercados, ropa, comida, instituciones, negocios de internet han triunfado y arrasado con el mercado? Lo han logrado porque la intención, el concepto de "valor agregado". Quienes hagan eso siempre, siempre triunfan.

Se experto en algo

Dedicarte a una sola cosa te convierte tarde o temprano experto en algo. En lo que hagas en la vida esta debe ser la meta, tu objetivo llegar a ser experto. Los que hoy día logran éxito en la vida son aquellos que son peritos en algo, aptos para proveer respuestas, capaces para proveer soluciones. Estos son los que han traído plataformas para ayudar, servir, despertar consciencias, inspirar a otros para sus propios éxitos y vidas más confortables.

Claro que sí, los expertos nacen y se hacen ellos mismos. Cualquier cosa que te guste y más aún supla una necesidad te debiera inspirar llegar a ser un experto que sin duda alguna será tu caballo que te llevará a donde tú quieras. Pero primero tienes que buscar tu caballo, domarlo, conocerlo y usarlo. Lo que produce en esta vida y esta época es "conocimiento especializado".

Consejo; no seas como esos locos que por dinero hacen de todo y se enredan en todo y en el momento obtienen algún dinero pero créeme no estable y son miserables toda la vida. Buscan sólo llenar su bolsillo que al final termina sin futuro con vida muy vacía y fracasados. Te invito a conciencia que tomes la decisión de convertirte en experto en algo que agregue valor, sula una necesidad y tendrás el caballo que te llevará lejos como emprendedor.

Cuando hablamos ser experto en algo es seguir los pasos de Robert Toru Kiyosaki hoy dia es un inversionista, empresario, orador motivacional, creador de juegos de mesa y ordenador, además de escritor de libros que llegaron a bestseller.

Haga lo que haga o enseñe Kiyosaki toda predica es sobre La Libertad Financiera Personal y el uso adecuado del dinero. Es un experto.

Basado en lo que es experto en la actualidad lleva publicadas más de una docena de obras entre las que se encuentran las siguientes:

- Si desea ser Rico y Feliz ¿No vaya a la Escuela? (1992).
- Padre Rico, Padre Pobre. Lo que los ricos enseñan a sus hijos acerca del dinero ¡y la clase media no! (1997)
- El Cuadrante del Flujo de Dinero. Guía del Padre Rico hacia la Libertad Financiera (2000)
- Guía para Invertir. En que invierten los ricos ¡a diferencia de las clases media y pobre! (2000).
- Niño Rico, Niño Listo. Como dar a sus hijos una educación financiera sólida (2001).
- Retírate Joven y Rico. Como volverse rico pronto y para siempre (2001).
- La Profecía del Padre Rico (2002).
- La Escuela de Negocios. Para personas a las que les gusta ayudar a otros (2003).
- Padre Rico: ¿Quién se llevó mi dinero? (2004).
- Padre Rico, Padre Pobre para Jóvenes (2004).

- Antes de Renunciar a tu Empleo (2005).
- Queremos que seas Rico (junto a Donald Trump) (2007).
- Hermano rico, hermana rica (2009)
- La Conspiración de los Ricos. Las 8 nuevas reglas del Dinero. (2011)

Una ventaja injusta (El Poder de la educación financiera. ¿Por qué los ricos son cada vez más ricos incluso en una crisis financiera? / La ventaja del ganador (El poder de la educación financiera) (2011)

Segunda Oportunidad. (2015)

Nota el énfasis en todas sus obras. Emprendimiento, negocios, empresas, dinero, inversión, finanzas, libertad etc. Lo mismo tiene que ocurrir contigo cualquiera sea tu emprendimiento. Decide hacerte un EXPERTO. Presenta un experto. Que reconozcan un experto.

Si no tienes algo diferente de los demás cómo esperas recibir algo diferente a los demás. Por eso es que las enfermeras, maestros, abogados, negociantes, ministros, vendedores, empresarios, políticos, conferenciantes, empleados son igual que todos porque no dan, **NO** proveen algo diferente y de valor extra que los demás. En el mundo de los emprendedores inteligentes lo que los hace exitosos no es el conocimiento, títulos o profesión, sino la capacidad de ser creativamente especializados en algo extra, especial y deferente a los demás.

Ejercicio:

Toma en este momento tiempo para analizar tu propuesta de emprendedor y escribe cuantas empresas o negocios son similares a lo tuyo:

_____
_____
_____
_____
_____
_____
_____
_____
_____
_____

Ahora escribe en que es diferente lo tuyo a lo de ellos:

_____

_____

Escribe que harás o agregaras para marcar la diferencia y presentarte como experto en lo tuyo:

_____

_____

_____

_____

_____

_____

El Poder de La Inversión

"Invertir en ti mismo es lo mejor que puedes hacer. No sólo conseguirás mejorar tu vida sino también las de quienes te rodean." - Robin Sharma

Uno debe convencerse de quien es y que se requiere para ser uno mismo. Todo en la vida requiere vida y la vida surge y es promovida por lo que uno ingiere, toma o come. Nos forma todo lo que vemos, olemos y tocamos. La idea aquí es que debes ser hábil para invertir en ti mismo porque nadie más lo hará. Tú te haces, te formas, te transformas *por tus* pensamientos, hábitos, acciones, educación selectiva, elecciones, decisiones conscientes etc.

El concepto de inversión en uno mismo es esencial para poder formarse, sostenerse y llegar a la meta propuesta. Esto es como tener un carro y planear un viaje. Los preparativos se realizan y empieza el viaje. Ya en el viaje la gasolina original se termina, eso es el conocimiento, el dinero, las estrategias, ideas, etc. y como el carro necesitará otra vez gasolina así el emprendedor necesitará rellenarse de ideas, conocimiento, estrategias, ánimo, esperanza, deseo, vision, positivismo para continuar viajando.

El día que uno despierta a esta poderosa realidad nace uno otra vez. Es increíble cuantas personas solo se preguntan ¿porque yo no prospero, porque yo no logro, porque yo no tengo? Pero nunca se pregunta ¿que me falta para hacer, tener, lograr, ¿dónde necesito invertir para salir y prosperar? Uno tiene que encontrarse con uno mismo lo más pronto posible para poder encontrar la falta, lo necesario para ser lo que uno sabe que puede ser y si aún no sabe entonces encontrar que debe ser y serlo a su potencia agregando a uno lo que falta para llegar adonde uno quiere llegar.

"Vacía tu bolsillo en tu mente, y tu mente llenará tu bolsillo." - Benjamin Franklin

Tu área espiritual

De todas las áreas en la vida opino que la espiritual es una de las más esenciales y donde muchos están vacíos, desalineados, incompletos, desbalanceados y aun así insisten porque no tienen paz, gozo, alegría, prosperidad y dinero. Quien espiritualmente este falto estará débil en todo lo demás y tarde o temprano es imposible triunfar y mantenerse estable en tal éxito. La falta de espiritualidad será vista e influenciará nuestro diario vivir y sus resultados.

¿Eres una persona espiritual? ¿Suples lo que necesitas para estar espiritualmente alineado con todo lo demás? ¿Inviertes tiempo en las fuentes de la espiritualidad del humano? ¿Cuánto tiempo meditas, oras, rezas, reflexionas? ¿La espiritualidad es parte de tu agenda diaria o sólo vas a la iglesia o leas la biblia cada fin de año?

En lo personal mis logros se deben en gran parte a esta área en mi vida. La Espiritual. Apenas cumplía 14 años en una noche muy fría en Huehuetenango Guatemala decidí por voluntad propia cuidar esta parte importante de mi e invertir tiempo en ella. Sin la intervención de nadie entendí que tenía que volverme un gigante en lo espiritual y el camino a ello en mi caso fue reconocer y aceptar a Dios en mi vida. Ir a una iglesia de mi elección. La oración, la meditación y la lectura de la biblia vinieron a ser parte de mi diario vivir. Hacer el bien a los demás. Servir con una sonrisa. Todo esto requiere tiempo y tiempo tengo para ello. Mi mejor aliado, socio, mentor, motivador y aun ejemplo en el emprendimiento es Dios. Simplemente Dios.

Es comprobado que todo el que acepta su necesidad de suplir esta área es más completo en el resto de las áreas. Ningún emprendedor logra la paz en los momentos de presión, necesidad de inteligencia espiritual, tranquilidad y cordura en tiempo de crisis a menos que tenga mucha espiritualidad. Puesto de otra manera le espiritualidad es como poseer una gran suma de dinero ahorrado y que está disponible en tiempo de necesidad u oportunidad. Jamás ignores esta área de tu vida invierte tiempo en ello y todo lo que pueda contribuir a tu crecimiento espiritual.

Tu área física

Esta área es la más descuidada en los emprendedores. En el afán de dedicarse a su interés pierden noción de lo que necesitan y tropiezan en esta área. No se come bien, no se toma agua suficiente. El descuido es notorio en la salud. La verdad es que quien no tenga salud no tiene futuro. Mucha gente puede tener dinero, pero nadie puede tener vida, gozo, felicidad y la oportunidad de triunfar en sus metas y objetivos sin salud.

Debido a este crucial punto en la vida para contar con salud agregada tome la decisión hace muchos años de ser cuidadoso en lo que introduzco en mi cuerpo. En mi primer año en Estados Unidos por 1995 decido cambiar mi dieta y volverme vegetariano. Lo que practico desde hace más de 21 años. Soy verde, soy agua, soy total salud. Soy movimiento – ejercicio. Raramente me enfermo y visito hospitales. Me veo mucho más joven de lo que soy. Mi mente posee una lucidez increíble y si no me crees simplemente estudia mi historia y lee mis libros que al momento que escribo este libro son más de 10.

No escatimes lo importante de comer bien, dormir a tiempo y suficiente hacer buen uso del sol, agua, oxígeno. Estas cosas están allí para todos nosotros y muchas son gratis o solo requieren conciencia y buena voluntad y una vez buscadas trabajarán a nuestro favor. Si no puedes cuidar de un negocio o avanzar en una meta no te pierdas en un laberinto donde muchos ya viven y terminan sin negocio, sin vida y en la tumba. Pierde todo menos tu salud.

Es sabido que quienes tienen dinero y no poseen salud tarde o temprano se van pero los que no tienen dinero pero poseen salud e inteligentemente invierten tiempo y toda su atención en ello logran mantener su salud y también dinero o prosperan en sus sueños por la vida para obtenerlo, la disfrutan.

La salud es la mina de todo lo que es posible y como nadie puede realmente ser feliz y tener éxito sin ella para los emprendedores esta es una de las áreas que debe siempre cuidarse e invertir si quiere vivir y disfrutar de lo que se proponga y sueñe. ¿Cómo se invierte para tener buena salud?

- Teniendo una buena dieta llena de vegetales, cereales, frutas, granos.
- Haciendo ejercicio consistentemente.
- Tomando mucha agua no jugos embotellados, enlatados.
- Comiendo en casa evitando la comida chatarra o comida rápida de restaurantes.

- Descansando lo suficiente.
- Evitando hasta donde sea posible el estrés.
- Teniendo una buena actitud y ánimo.
- No preocupándose excesivamente.

Educando tu psicología conscientemente.

Quienes tienen una buena psicología triunfan, inventan, suplen necesidades y jamás se enferman de egoísmo, amargura, decepción, el desánimo es su enemigo. El ser positivo les es natural. Cierto entonces es que nuestra mentalidad es el timón que guía nuestras emociones, acciones, hábitos y son los que aceptado o no los que nuevamente guían nuestros pensamientos a nuevas cosas, oportunidades y aspiraciones, si son como las células renovables. Psicología es concepto y nosotros somos concepto, nosotros nos formamos o nos destruimos. Nosotros dictamos éxito o fracaso, tú eres lo que piensas tan cierto como lo que no piensas. Nada es más importante que una buena inversión en esta gran área del humano.

Los emprendedores deben estar bien conscientes del poder de su psicología y el cómo funciona y dirige la vida, las acciones, el futuro de individuos. Se reconozca o no de ella depende el destino de la persona como su salud, economía, espiritualidad, éxito o fracaso. Somos el estado de nuestra mente. Invertir aquí es de magna consecuencia y hacerlo debe ser siempre nuestro deseo, jamás escatimes invertir en tu psicología. Un libro, una oración ante el universo, ir a la universidad. Tomarte tiempo para un consejo del vecino, del extranjero etc. Quienes ignoran esto ya están en el camino del desengaño. Estar conscientes de esto es saber injertar pensamientos, filtrarlos y darles dirección a una causa con sentido, con objetivo. Debemos ser personas conscientes de nuestro estado, de nuestro deseo, de nuestro presente para guiarnos con los conceptos correctos al futuro que intencionalmente escojamos.

Importante es entonces que sepamos educar nuestra psicología. ¿Cómo se educa? Ella es educada con lo que se lee, con el cómo se piensa, con lo que se mira, huele, toca, siente. Los factores educacionales están allí en uno mismo, alrededor de uno y aquello que influencia, pero para que le saquemos el mejor provecho debemos estar bien despiertos a esta verdad. Banderas debe levantarse y afirmar que estamos psicológicamente educados y mientras nos mantengamos en esa escuela siempre estaremos creciendo y siendo mejores personas, mejores emprendedores y exitosos empresarios. En este estado estaremos siempre proveyendo valor a los demás y la humanidad será mejor con nosotros.

Entonces recomiendo que nos evaluemos, tenemos que estar seguros de lo que somos para saber lo que tenemos en nuestra psicología. Si estamos contentos y vemos que somos productivos proveyendo valor a la humanidad entonces vamos bien de otra manera debemos sacar la verdad a flote y enfrentarla para removerla, educarla o reeducarla a lo que ya sabemos debemos realizar o descarrilara a nuestro deseo y futuro.

Tú idea

Los pensamientos forman ideas y ellas son las que se encargan de llevarte a ser alguien en la vida. Tu idea es lo que te da vida como emprendedor. Por lo tanto, debemos dedicar tiempo a considerar los pensamientos con mucho cuidado porque una vez pensado con suficiente tiempo las ideas surgirán y traerán cosas, libros, productos, servicios, organizaciones, iglesias, ministerios, profesiones, negocios, caracteres y oportunidades nunca antes vistos. Por lo tanto las ideas requieren la inversión de tu tiempo, pensamiento selectivo, las amistades de otras mentes. Inversión, oh inversión que poderosa palabra y poco considerada para triunfar.

Tu idea puede ser el inicio de tu marca, de tu empresa, de tu producto o servicio no la escatimes en importancia pues es el columpio de donde estas a donde podrías llegar si tan solo te aferras a ella. Las ideas entonces deben ser consideradas y ver a dónde podríamos llegar con ellas.

Mi primera idea de emprendimiento la tuve como a los 10 años de edad sin saber que era emprender. No me gustaba la condición económica de mi hogar y me dije "yo quiero irme de aquí para tener una mejor vida" y esa idea que se manifestó de mil maneras diferentes en los años siguientes es la que me llevo del pueblo de San Pedro Soloma a la ciudad Huehuetenango de esta ciudad en Guatemala a México. De México a Estados Unidos. De Estados Unidos al Mundo. De allí surge una de mis frases "De GuateMALA a GuateMEJOR". ¡Las ideas tienen poder!

Las ideas deben ser encubadas y llevarlas a la oficina y examinarlas o usarla en su debido tiempo. No tengas miedo de ellas, pero recuerda que las ideas tienen el poder de cambiar rumbos, vidas, derrumbar naciones, poderes, economías, instituciones y hacer muchas otras y mejores. Ellas tienen el poder de empezar una revolución o reforma, un reavivamiento o nacimiento de hombre y mujeres con sentido y objetivo de vida. Las ideas son una arma de dos filos puede construir o destruir y lo que haga y produzcan es tu decisión y trabajo.

Tu proyecto

Una vez las ideas entren en función de seguro que tendrás un proyecto o planes a seguir y aquí tú debes invertir tiempo, dinero, más ideas, disciplinas, estrategias para poder sacar la idea a vida, los proyectos solo son agendas donde se empiezan a formar las ideas, esos pensamientos que por mucho tiempo nos han tenido despiertos. Ahora empieza el tiempo de crear lo que se ha deseado y no puede vivir a menos que tu estés dispuesto a invertir todo.

Otro tipo de inversión para que los proyectos surjan y se den es entender que se tiene que negar a uno mismo en ocasiones una comida, una salida a un paseo, una amistad y muchas veces el tiempo con la familia. Muchos se frustran y desaniman cuando ya están en su proyecto porque no siente el apoyo de la familia y ven que su vida no es igual que la de los demás o como un proyecto lleva tiempo para que florezca se chasquean y tropiezan sin ver resultados terminan decepcionados cuando lo que pasó fue no medir bien el tiempo de producción y claro no tomar en cuenta la importancia de estar dispuesto a negarnos a o invertir esto o aquello para poder tener y ver la visión hecha realidad.

Una vez en este país Estados Unidos Proyecte ir a todo el mundo. Pero esto me llevo más de 10 años de espera ya que mi residencia legal en EE.UU la obtuve una década después de haber empezado el proceso de legalizarme. Pero no era problema tenía un proyecto y mientras esperaba me preparaba para realizarlo, invertí tiempo y trabajo para salir al mundo, 10 años de mi vida. Gracias a este proyecto en mi vida pude ir a centro américa, el caribe, sur américa, Asia y Europa tan pronto me dieron las llaves para viajar legalmente.

El mundo del emprendimiento es en ocasiones complejo y pocos son los que pueden vivir en él por lo que requiere. Realmente el no estar consciente de lo que tu proyecto requiere es como el noviazgo. A muchos les gusta tener un noviazgo mientras no haya responsabilidad. Desde este momento te digo si quieres ver tus sueños hechos realidad debes tomar en serio *el que no se puede realizar uno* a menos que esté bien dispuesto a dar todo lo que requiere por lo que nos hemos decido vivir.

¿Cuánto estas dispuesto a pagar por tus sueños? ¿Cuánto has hecho para estar donde estas hoy? ¿Cuánto has sacrificado para gozar lo que hoy gozas? ¿Sabes lo que tienes que invertir en tiempo, dinero, amistades, mente para poder llegar a dónde quieres? Si te lleva tiempo contestar estas preguntas entonces estás atrasado en tu inversión y éxito.

Tu empresa

Como emprendedor inteligente cualquier cosa que emprendas y hagas en el mundo de los negocios se convertirá automáticamente en tu empresa. Este es un punto básico y en general aunque en su momento tienes que materializar, legalizar este punto. Así es, ahora tienes tu empresa, ella es la que representa tu producto o servicio y a esta altura tú ya no estás en el estado de noviazgo sino estás ahora casado y los papeles lo confirman metafóricamente.

Ya no hay paso atrás pues tú eres una persona responsable. Una vez considerado los factores de requerimientos, posibles ganancias y riesgos eres dueño de tu empresa y a trabajar se ha dicho. Toda inversión en ella será totalmente necesaria.

Empresa es todo lo que involucre tu producto y servicio. Es el lugar o local desde donde administras que bien podría ser tu cuarto, el garaje, tu carro, detrás de tu casa, oficina física y el baño etc., desde donde tu dirijas tu negocio es tu oficina. Tus empleados, colaboradores, socios, son todos aquellos involucrados ya sea que tengas una nómina o no.

Tú y tu producto o servicio y personas involucradas hacen tu empresa. Una vez estés bien claro en ello créeme que eso tienes una empresa de allí en adelante tu inversión en ella determinará a dónde llegará.

El punto aquí es que nada surge por la casualidad todo tiene un principio y precio y eres responsable de invertir, dar, poner, hacer todo lo que se necesita para llevar al tope de posibilidades a tu empresa. Nunca, nunca, escatimes ningún inicio ni inversión en pensamiento, dinero, tiempo, mentes, sociedades, sacrificios, disciplinas, desvelos, decisión, firmeza, paciencia, amor, tolerancia pues allí radica tu éxito y triunfo.

Toda empresa va creciendo y los responsables son los dueños ya sea en sus estrategias, gente que emplean para dirigirlas, la mejoría continúa del producto o servicio son la base del avance de la empresa. Pero todo lo que hagas requerirá inversión y el mejor inversionista eres tú, debes ser tú. ¿Cuánto estas dispuesto para fructificar tu empresa? ¿Qué estas invirtiendo?

Tus empleados

Debes de comprender que en tu empresa tú eres el primer empleado, si no lo sabías. Una vez tengas gente con quien trabajar debes asegurarte que tus empleados esten bien atendidos con buenos salarios y mas aun que sean suplidos y fortalecidos para que provean el mejor rendimiento especialmente si no les estas pagando todavía. Respeta y aprecia su ayuda con gestos de tu parte. Ellos son los que al final dan imagen al producto o servicio. La actitud de ellos será un reflejo de ti. Tu psicología será claramente vista en ellos y todo lo que toquen o digan.

No podemos pensar que los empleados solo son gente y que nada afectará sus actitudes y ánimos al producto y servicio. Si ellos están bien, contentos y sanos tú estarás en mejor posición en tu empresa. Empleados molestos y enfermos de cualquier cosa será deterioro para tu empresa y producto y servicio al público. Por lo tanto, cualquier cosa que debas invertir para proveerles una buena psicología, actitud y salud será en tu beneficio.

Muchos empresarios jamás piensan así. Solo quieren ganar y aprovecharse de la gente y negocios. Fracasan porque no saben respetar la influencia y contribución de las personas. En este caso tus empleados son los que le dan vida a todo lo que tú representas en tu empresa.

Invierte en ellos con un libro, un seminario, una actividad de agradecimientos, una entrada a algo que les gusta, un curso que los mejore y puedan implementar en tu empresa. Nunca fallan las tarjetas de agradecimiento una invitación a comer o tan solo estar allí en sus problemas o necesidades. Empresarios quienes hagan eso siempre tendrán no solo empleados, amigos sino aliados para luchar por tu sueño y deseo.

Con esta filosofía las empresas Apple, McDonald, Disney, Motor Generals, Pepsi, Cinemex, Volkswagen, Conde Nast, Coca Cola, Pixar etc., cuentan con su propia universidad o instituto invirtiendo en el crecimiento, educación y motivación de su propia gente esto tiene como propósito no sólo desarrollar las habilidades de cada candidato o trabajador de una compañía específica, sino también alinearlas con los valores de la organización y generar fuertes vínculos de confianza que le permitan a los trabajadores comprometerse con la marca.

Tecnología

Otra de las cosas que tienes que estar bien consciente es invertir un buen equipo, maquinas, página de internet para tu negocio, gente especializadas en estas áreas. No te compliques la vida, aunque esto suele ser caro no es imposible hoy día puedes lograr el mismo trabajo por personas que como tu busca proveer valor y servicio a los demás en otros países. Lo creas o no puedes ahora tener una secretaria o agentes para tu empresa que vivan en las filipinas o la india mientras tú vives y tienes tu empresa localizada en estados unidos. De igual manera con tus páginas de internet o cualquier otro servicio que requiere tecnología puedes conseguir el servicio y trabajo por precios completamente ridículamente bajos en otros países.

Tienes que buscar las mejores tecnologías, sistemas y productos que hagan tu empresa mejor y superior a la competencia y la mejor manera de enfrentar a la competencia es siendo mejor que ellos. Invierte en una red de mercadeo como en publicidad si lo haces bien todo lo invertido regresa con crecer y abundancia. Usa todo lo que este gratis en el mercado pero también invierte en un sistema de publicidad que hará por ti lo que llevaría años para ti solo. ¿Cuándo inviertas? No te preguntes ¿cuanto pagarás sino cuáles serán los resultados? ¿Cuanto tiempo me llevaría hacer esto solo y sin sistemas pagados? Al final tus respuestas ayudarán a que tomes las mejores decisiones. Como emprendedor piensa como empresario y empresa tendrás.

Tu futuro

De todas las inversiones y de lo cual muchos corren es la inversión continua en sí mismos. Tú eres lo que hoy eres porque alguien invirtió en ti. Hoy tú tienes lo que tienes porque en algún momento tú decidiste hacer algo por ti y eso fue una inversión. Tus padres, amigos, instituciones, iglesias han invertido en ti ¿por qué tú no? "El mismo Dios desde antes que nacieras dijo tengo vida y en abundancia deja invertirlo en (pon tu nombre), eres una inversión divina, no defraudes a Dios se todo lo que Dios es" - Miguel Martin

Amigo no pudimos escoger a nuestros padres, lugar de nacimiento o el nombre que nos pusieron cierto, pero hoy si podemos elegir nuestro futuro. Y si eres una persona sabia e inteligente sabrás que para un mejor futuro ya se personal, empresarial o del hogar necesitas decidir invertir hoy para ti. Tu empresa fracasará y aun tu familia si tú no inviertes en ti. Es crucial entender y aplicar el principio de inversión. En este momento tu futuro está en tus manos. No fue hasta que yo entendí eso que empecé a ser y tener. Yo, solo yo soy responsable de mi estado y éxito. Yo soy el responsable de lo que seré y decido contigo invertir en mí porque haciéndolo declaro éxito en mi vida y empresa porque esa es la ley universal que "el que invierte o siembra cosecha."

Invierte en ir a seminarios, escuela, audio libros, academias, libros, revistas, ser parte de algún club que promueva el crecimiento personal. Busca un entrenador, un mentor, si puedes pagar al mejor te admirarás de los resultados que eso tiene en tu vida y empresa. La regla es invierte, invierte para tener resultados gloriosos.

Tu Imagen

"No te preocupes por el financiamiento si no lo necesitas. Hoy es más económico que nunca iniciar un negocio" - Noah Everett, fundador de Twitpic en relación a Twitter.

Vender Beneficios

Lo no profesional atrae pero no es estable. Sin embargo traer un buen producto y servicio, su *triunfo y permanencia* está en aportar, presentar y cubrir alguna necesidad de manera inteligente. A esto le llamo vender beneficios. Los beneficios no son milagros realizados sino aquello que cubre, suple, provee las necesidades que los emprendedores están siempre buscando con el fin claro de cubrir, suplir, traer *y hacer más fácil* la vida de los seres humanos.

Es una alegría inexplicable la que se siente cuando el beneficio vendido hace mejor y provee felicidad a la humanidad. Te imaginas la alegría de Einstein cuando trajo el bombillo de luz, o de Jobs cuando introdujo el computador portátil. Sólo aquello que trae un beneficio disfruta el venderlo. Tenemos que ser emprendedores inteligentes, bien conscientes de lo que hará que nuestro producto se venda.

Por lo tanto, lo que empieza a formar imagen que llamará la atención del público radica en lo que se está haciendo para beneficiar a los demás. Tenemos que hacer una imagen y ella viene a la existencia no por un prodigio y buena voluntad sino por ser creativos, positivos, inteligentes y buenos creadores conscientes de imagen. Se necesita sabiduría, inteligencia y conocimiento para llamar la atención de la gente. Entonces aprendamos que hay que hacer una imagen, que la imagen sea aceptada, que al final la gente compre la imagen y la busque nuevamente, esta fórmula es creador de riqueza sostenible. Cuando hablo de imagen, hablo de lo que la gente dice una persona o empresa, hablo de tu visión, de tu misión, de tu producto, sistema, programa, servicio o empresa. ¿Qué imagen estas creando? ¿Cuántos están impactados por tu imagen? ¿Sabes tú lo que es tu propia imagen?

Involúcrate

Aunque lo que diré es algo básico y lógico debe decirse nuevamente ya que algunos lo subestiman y pasan por alto y es que tienes que involucrarte completamente en tu emprendimiento. ¿Qué quiero decir? Tú tienes que ser parte no solo del invento, del programa, servicio etc. En toda la etapa debes estar involucrado primero porque tú eres el originador de todo esto y hablamos de estar bien consciente de que estás creando o llevando algo estará a favor de personas que bien suplidas ellos contribuirán a crear y publicar tu imagen. Creemos en estar involucrados, pero con inteligencia para que tenga los resultados buscados.

Hablamos estar de estar bien despiertos e involucrados en el producto o servicio no solo por ser tuyo sino porque esto también inspirará a tus empleados, amigos y público. Infórmate constantemente, edúcate conscientemente, reedúcate o debemos entender y digerir el concepto que algunos no tienen que se debe *aprender a desaprender* todo lo que impida formar y traer la mejor imagen al público.

En tu comunidad, iglesia, sociedad, vecinos

Dicho en la mejor manera todo público debe entender que es un lugar para beneficiar y se convierte en tu público, mercado y campo para desarrollar tu negocio. Por lo tanto el mejor método para llegar al público es que tú te involucres en tu comunidad, iglesia, sociedad, vecinos. Esto incluye las redes sociales de manera masiva. Sin miedo. En esto buscar dar a conocer tu imagen o hacer imagen con ellos.

Las mejores maneras de involucrarte son aun simple y muy fácil sin tanto costo es por medio de una sonrisa, ayudando al prójimo, compartiendo información de ayuda, trayendo esperanza, también si tu presupuesto lo permite ayudando económicamente es un gran puente de entrada a oportunidades que no puedes dejar de escatimar los grandes resultados.

Por eso se dice que el que da, recibe, el contribuye le regresa y que satisfacción se siente que después de involucrarte sin ánimos de lucrar el público, la gente, las personas solas buscarán lo que tú eres en tu producto y servicio. Esta es la mejor manera de matar a la competencia, establecer imagen y ser rentable.

El poder que tiene el de involucrarte lo podemos comprobar con los políticos, ministros, millonarios, actores exitosos son aquellos que están bien involucrados en sus comunidades, ciudades, países, iglesias, programas de ayuda humanitarias.

Se ayuda, servicio y apoyo en tu iglesia, vecinos, club de crecimiento, comunidad, equipo de x cosa. Serán los mejores mercados para empezar y si haces bien tu trabajo se convertirán en voceros de tu imagen. Involucrarse en todo como emprendedores es y será la mejor inversión de tu vida.

Atraer la atención

Una vez las pautas explicadas arriba se manifiestan de tu parte, y tu estés involucrado en tus negocios, empleados, comunidad ahora tienes que proponerte hacer todo lo correcto para poder atraer la atención. Este principio es un arte. *Esto, aunque criticado por muchos es esencial estudiar alguna estrategia de, el cómo llamar la atención.* Un emprendedor inteligente no puede vivir sin esto. Tiene que llamar la atención. Siempre llama la atención con algo hacia tu producto, empresa, negocio, servicio, producto, sistema etc. Los actores y actrices, cantantes, políticos son buenos en esto. Obsérvalos siempre están llamando la atención. ¿Por qué? Porque hacer esto trae mucha publicidad y negocio.

Esto se puede hacer siendo tú un experto en algún tema o producto también proveyendo algo extra que la competencia no provea. Proveyendo un servicio extraordinario con precios que no se pueden rechazar. En el emprendimiento recuerda mientras estés compartiendo valor, mejoría o supliendo alguna necesidad debes llamar la atención a lo que tienes y puedes proveerles. He descubierto que hacer esto es todo un arte y en mi caso redes sociales no es para perder tiempo. Ir a una reunión, fiesta, congreso siempre es una gran oportunidad para darme a conocer. Yo lo hago aun cuando voy al parque o un restaurante. Confieso que me fue difícil entender esto. Pero cuando lo comprendí no solo cambio mi concepto, mis acciones sino los resultados y la economía de mi empresa escalo.

Una de las mejores estrategias para llamar a la atención es dando, regalando y sirviendo. Todos los que hagan esto y más están haciendo imagen, están vendiendo servicio que da valor agregado. Lo más lindo de esto es que mientras ayudas a otros a ser felices tú eres feliz por los resultados tanto por haber ayudado a otros como por lo que regresa a ti, satisfacción y economía agregada. Lo que das siempre regresará con creces y eso no se puede escatimar, no los emprendedores, es esencial. Te cuento que yo vendo más cuando regalo libros, conferencias, sesiones de caoching y ayuda a quien sea sin cobrar. Dar gratis en tu momento y lugar es mágico.

Tu tarjeta de presentación

Otro de los mejores métodos para vender el producto es que tú seas su primer cliente, tú tienes el poder en tu propio testimonio para llegar al alma de las personas. Todo en la vida empieza pequeño pero sus consecuencias y resultados es extraordinario si se tiene paciencia. De igual manera los testimonios de los demás es la carta de representación más valiosa que pueda existir en una organización o negocio.

Lo que le sucede a las demás personas con el producto o servicio una vez expresada, contada en un testimonio que llevará a tu negocio, producto o servicio a niveles de existencia jamás soñados. No ignores los testimonios de tus clientes y se lo suficiente inteligente para usarlos para el beneficio de otros y tu valor agregado, tu producto o servicio.

Una vida alcanzada, una vida ayudada, una vida servida, una vida feliz es y será la mejor tarjeta de presentación para tu marca, tu negocio, tu producto y servicio. Invierte tiempo en saber no solo que vender, sino como vender, dejar satisfecho al cliente para que él sea tu base de distribución gracias al poder que tiene el testimonio de cada humano en tu favor.

Cuando pienses en imagen y forma en que deseas marcar la historia siempre recuerda estas tres imagenes:

1. Un dólar en billete.

2. El Logo de McDonald.

3. El rostro de tu madre.

Si tu imagen de producto, servicio, programa, empresa, sistema aun no ocupa el lugar cuatro en esta lista simplemente quiere decir que te queda mucho trabajo por hacer. Has imagen, marca tu imagen en la gente.

El Poder De La Consistencia

"La verdad está en la consistencia", dice Poe (Ettreha). Por tanto, el que no tolera la consistencia se cierra a toda ética de la verdad; abandona la palabra, la proposición, la idea, en cuanto estas cuajan y pasan al estado sólido, de estereotipo (stereos quiere decir sólido)." Roland Barthes

Evaluar

Como todo lo bueno, es importante *aprender* a ser personas consistentes, una vez aprendido *debemos ser* consistentes y *siendo consistentes* en lo que nos hemos propuesto realizar entonces debemos evaluar nuestra visión, misión, producto o servicio. La evaluación es esencial en el camino de la consistencia si se desea permanecer y triunfar tenemos que evaluarnos, evaluar negocio, producto y servicio.

Los emprendedores consistentemente evalúan proactivamente, esto les sirve para no errar, no esperan errores, sino que se adelantan a los errores, faltas y posibles tropiezos. La evaluación es un compañero de vida y jamás falla, siempre ayuda, te adelanta a eventos para proveerte mejores resultados de los esperados. Siempre evalúa todo y asimismo jamás tropezarás sin conocimiento.

Corregir

Se evalúa con el pensamiento de antemano de que se hace para corregir cualquier área que este mal o necesite una nueva estrategia, aconsejar empleados, cambiar ideas o planes si es necesario, mejorar e producto o servicio o en ocasiones salimos de esta evaluación para corregirnos a nosotros mismos. Quienes hagan esto son de verdad emprendedores que triunfan porque pagan el precio de hombres y mujeres que triunfan.

Muy pocos en sus proyectos corrigen. La mayoria especialmente cuando son nuevos fallan en querer corregir sin saber que esto es de verdad una gran herramienta que hace que mejoren, florezcan y hagan la diferencia de entre la competencia. Mientras tengas la actitud de corrección continuamente y de adelantado es lo que no solo te hace diferente sino una persona sabia y productiva. Quien corrija a tiempo y proactivamente es imposible que no tenga éxito.

La corrección a tiempo embellece los productos y servicios, provee mejores entradas porque trae una mejor imagen, servicio o producto al público. No puedes vivir sin este principio de corrección. Para que logres lo mejor, esta disciplina, debes educarte, leer y siempre estudiar productos, servicios, mercados, la gente y la manera en que traes tu negocio ante el público. Aplica esto consistentemente y consistentemente la vida te proveerá más de lo que deseas. Tienes que ser agresivo en mejorar siempre lo que eres para que en momento de evaluar puedas siempre corregir para el bien de todo tu emprendimiento.

Inspirar

Ningún emprendedor que no tenga inspiración podrá inspirar a otros. Muchas empresas fracasan porque pierden o no tienen inspiración ellas mismas y qué crees que ocurre con los que están involucrados en su negocio, claro pierden el rumbo y por lo tanto ayudan a fracasar a la empresa y termina desapareciendo el producto y servicio. No puedes darte el lujo de estar desinflado de inspiración.

La inspiración es una mina de apoyo en todo momento. En tiempo de crisis la inspiración es valiosa y tiene el poder de sostener tus pies y llevarte sobre el agua que quiere destruirte. Durante los momentos en que no parece haber oportunidad y éxito la inspiración tiene el poder de recordarte quien eres y a donde debes llegar. Ella te ayuda psicológicamente en esos días que no quieres hacer nada o sencillamente te sientes desanimado y no quieres continuar.

Debemos inspirarnos en tiempos de paz, éxito, prosperidad, en tiempo libre debemos estar continuamente asistencia a las clases de la vida para ahorrar la inspiración porque tiempo surge donde la inspiración es más que éxito o fracaso, es más que amigos o libros maravillosamente es una fuente de poder para que tú seas sostenido e inspirado en los momentos más crudos de tu existencia como emprendedor.

Se obtiene inspiración por medio de la familia, un libro, las experiencias, clases, la capacidad de acumular buenos momentos y ahorrarlos con propósitos bien claros acumulas para ocasiones difíciles que de seguro encararás. Se inteligente y empieza a educarte y ahorrar inspiración para tu mañana. Para triunfar como emprendedor tienes que ser consistentemente un acumulador de inspiración.

Dar la cara por todo

Los buenos e inteligentes emprendedores cuando viven momentos difíciles son realistas y enfrentan las cosas como son. Ellos no corren de los errores, los reconocen y aprenden de ellos o dan la cara por lo que es. Aun tienes que aprender que, aunque tus amigos o empleados involucrados cometen errores o llevan tu negocio al fracaso, da la cara. Esta actitud te sacará lo más pronto de la situación. También dar la cara o sea tomar responsabilidad por lo que sea hace que tu no solo madures, sino que le de madurez a tu experiencia a tu negocio le da solidez, imagen y una reputación.

Son pocos los que son responsables en la vida. Los emprendedores de muy temprano aprenden esto y lo hacen dejando de ser víctimas, dejan de echarles la culpa a personas de sus errores, de su presente o condición. No importa donde están en la vida ellos saben que nadie más que ellos son los únicos responsables de su condición, posición y experiencia presente. Entender esto lo libera a uno y lleva a experiencias de triunfo.

Reconocer

Para ser consistentes debemos reconocer la necesidad de la mejoría. Esto es desapercibido por la mayoría de emprendedores. Muchos no entienden que el negocio, producto o servicio requiere que el dueño, encargado, manejador, presidente, director, ejecutivo tiene la gran necesidad de reconocer que siempre se requiere evaluar para saber dónde se está, qué se necesita para avanzar a otros niveles.

Nadie llega más alto si no reconoce que el negocio es un constante crecimiento. El encargado no podrá ver lo que requiere mejoría si él o ella no están constantemente educándose, investigando e informándose de nuevas maneras de traer el producto o servicio al público. Si los empleados no reconocen que ellos son los que dan imagen a lo que hacen el departamento de calidad no podrá hacer mucho a menos que se trabaje con los que lo forman y crean.

El mensaje aquí es que no pueden llegar a competir o superar la competencia a menos que den más valor a su producto y servicio. Los negocios que progresan son aquellos que constantemente se reconoce que debe haber un programa de evaluación de la mentalidad de los encargados, empleados y forma en que hace el producto y servicio.

Volver a pensar

Los negocios de éxito son aquellos que tienen dueños o encargados que intencionalmente vuelven a pensar en las razones del por qué existen. Deben volver a pensar en cómo mejorar la empresa. ***Deben tomarse el tiempo solo para pensar y*** traer nuevas ideas que bien mejorarán su equipo de trabajo, empresa, producto y servicio pero más importante para expandir la línea del producto o servicio con etiqueta que va revolucionando y conquistado el mercado.

Quienes no piensan otra vez después de iniciar su negocio, producto o servicio tropiezan. Estoy diciendo que las empresas que fracasan son aquellas que actúan tarde cuando ven el fracaso llegar, las que triunfan son aquellas que proactivamente piensan, de ante mano analizan, se preguntan anticipadamente ¿qué podría suceder si esto o aquello ocurriera?, etc. Entonces cuando llega el problema o necesidad saben enfrentarlo, saben salir de ello fuertes y triunfantes, más importante es que saben llevar la empresa a otro nivel en lugar de tirar la toalla en la prueba.

Quienes no toman tiempo para pensar como lo hacen para comer, trabajar, ejercitar o pelear están destinados a tropezar en los retos de la vida, las tentaciones mundanales o sea comunes de la vida de una empresa. Debiera haber clubes solo para pensar proactivamente. Los resultados de esta práctica es lo que hace que no solo tengas una empresa exitosa sino que tus productos o servicios lleguen a ser eternamente necesitados supliendo necesidades pero más haciendo feliz al público con cada innovación gracias a que sus dueños han dedicado tiempo al pensamiento proactivo.

La historia del gran y exelente nadador Michael Phelps permite demostrar el poder que tiene el ser consistente con lo que uno hace. Te lo digo de una buen vez sin consistencia no hay éxito. Phelps para llegar a ser considerado el mejor de nadador de todos los tiempos veamos un poquito de la disciplina de este campeón.

Termino la secundaria y se dedico totalmente a la natación. Como norma nadaba 80 kilómetros por semana, para lo que necesitaba cinco horas de entrenamiento diario. Cuando no entrenaba, solía dormir, y antes tirarse a la piscina tenía la costumbre de escuchar música del rapero Eminem o de 50 Cent. Su rutina diaria se reducía, pues, a dormir, entrenar y comer para ganar peso. Necesitaba, según sus médicos, siete mil calorías diarias para abastecer su organismo de las energías que gastaba en los entrenamientos. Fue tan consistente en sus entrenamientos que los resultados fueron exitosos en ser considerado el mejor de la historia ne su especialidad.

- En 2004 fue la sensación de los Juegos Olímpicos de Atenas.

- Ya en los de Pekín 2008 superó el mítico récord de Mark Spitz, al obtener ocho medallas de oro frente a las siete que su compatriota había conquistado en los Juegos Olímpicos de Munich (1972).

- Tras ganar en 2012 otras seis medallas en los Juegos Olímpicos de Londres, se convirtió en el deportista más laureado de la historia de los juegos.

Del 2012 – 2014 se retiró. Regreso en el 2014 pero en el 2015 lo suspendieron por haber regresado a cometer errores. Como todo humano ha tenidos sus momentos difíciles, errores, faltas y caídas pero en ellos ha tomado tiempo para evaluar, corregir, inspirar, dar la cara por sus errores, reconocer, volver a pensar y empezar de nuevo. En 2016 volvió a regresar en las olimpiadas de Rio de Janeiro Brasil demostró que él seguía siendo el nadador más grande la historia. En el 2016 en los Juegos de Río de Janeiro el Tiburón de Baltimore:

- recorrió como una flecha su tramo en los relevos 4 x 100 libres y se llevó su primer oro.

- Phelps acabó convirtiendo todas sus participaciones en medallas: oro en los 200 metros mariposa, en los relevos 4 x 200 libres, en los 200 metros estilos y en los relevos 4 x 100 estilo.

- Plata en los 100 metros mariposa.

Hoy todos están de acuerdo en señalar que semejante palmarés 28 medallas en cuatro olimpiadas, 23 de ellas de oro está destinado a permanecer largamente imbatido. Si, como deportista resultan admirables su extraordinaria fuerza de voluntad y su espíritu competitivo, nadie dentro de su especialidad puede disputarle el título de mejor nadador de todos los tiempos. Todo este logro de una vida gracias a su consistencia en creencia, disciplina, visión y deseo de vida.

"Camina con paso firme y constante, con profunda fe y absoluta convicción de que alcanzarás cualquier meta que te hayas fijado y conseguirás todo lo que te propongas." - (Anónimo)

El Arte de la Negociación

¿Por qué vendes?

Todo lo que se hace tiene su concepto, su psicología, su por qué reconocido o no. Los emprendedores que salen a triunfar son aquellos que desde muy temprano saben que el negociar y lograr buenos resultados no es el resultado del azar sino de la constante capacitación, entrenamiento, enseñanza, conocimiento que uno adquiera para realizarlo fructíferamente. La negociación es en verdad un arte que todos debemos estudiar y estar bien informados.

Aunque en ocasiones controversial, creo porque lo he visto y analizado la trayectoria de Hillary Clinton. Ella es una experta en la negociación. Lo demostró mientras su hogar estaba en la boca de todos en el mundo. Como política y secretaria de estado lo ha demostrado en asuntos nacionales internacionales. En casos legales y ante una comitiva donde ha sido juzgada ha demostrado su gran capacidad de negociación. Maneja este arte a la perfección. Los emprendedores inteligentes y exitosos hacen lo mismo, se vuelven voluntariamente expertos en el arte de la negociación si desean progresar y tener siempre éxito.

Como emprendedores inteligentes para caminar hacia el lugar, meta, objetivo correcto debemos preguntarnos ¿por qué vendo? Al hacer esta pregunta nos enfrentamos con el verdadero motivo detrás de nuestros esfuerzos. Una vez encontrados debemos asegurarnos que sean los correctos para llegar a la cima.

Estos motivos podrían ser dinero, felicidad, libertad, el deseo de hacer felices a otros, contribuir valor a otros. Hacer más fácil la vida, un reto personal, un sueño, traer medios económicos a la familia. Cualquiera sea esa razón debe ser la correcta, que aquella no esté revuelta con egoísmo, amargura, falacias, venganza, sino llena de inspiración, amor, ayuda, servicio, compasión. Quienes no tienen un porque venden, porque existen, porque trajeron un producto o servicio tarde o temprano sucumbirán en el egoísmo de la vida y aquellos que

167

traicionan la verdadera razón de su existencia vivirán siempre pobres.

¿Qué vendes?

Lo que vendes o traes al público es muy importante. Lo creas o no es un reflejo de tu carácter, personalidad, de tus gustos, inteligencia y visión de vida. Dice todo de ti. Por lo tanto, no tomes al azar que sólo traes un producto, un servicio y que sólo tienes que ponerlo en moción y ya. No es así, lo que vendes expresa todo sobre ti y lo que la gente entienda, interprete de lo que le vendas será reconocido como tu firma.

Como emprendedores debemos dedicar tiempo a evaluar nuestra psicología sobre lo que pensamos de lo que vendemos. En ella se determina lo que pensamos de lo que traemos al público. Insisto que sepamos que lo que vendemos no es producto o servicio sino es imagen, carácter y lo más íntimo del emprendedor.

Si encuentras que sólo buscas dinero, una empresa y que ocurra la imagen que gusten tus administradores entones es necesario que te diga que tú tienes una psicología pobre en el arte de la negociación. Esto demuestra tu gran necesidad de educación y reenfoque de tu emprendimiento. Repito lo que vendes o representas debe estar totalmente alineado con lo que tú eres.

¿A quién vendes?

Todo emprendedor no sólo trae productos o servicios ellos son estudiantes diligentes del público, de la gente, las personas, las comunidades y culturas. Hacer esto provee varias cosas como el tipo de mercado, necesidad, cantidad, posibilidad y la plataforma de tu empresa. Conocer a la gente y saber qué quieren es más importante que querer ser exitosos porque sin ellos no hay producto o servicio que valga la pena.

Muchos se aventuran con buenos servicios y productos pero con muy poca comprensión del público que deben alcanzar. Por ejemplo, puedes tener la buena intención de establecer un restaurante tipo McDonald en una comunidad india tendrás serios problemas con todo lo que lleve carne de res, baca pues para ellos la baca o res es un dios, créeme no tengo que ser vidente para decirte que tendrás un rotundo fracaso.

Poner una distribuidora de arroz en una comunidad mexicana no tendría tanto éxito como establecer tortillerías en cada esquina. Vender libros entre los que trabajan en el campo no sería tan exitoso como poner una librería en la ciudad.

Como regla nunca olvides estudiar y analizar de manera seria a la sociedad y cultura donde emprenderás. También mantén en mente como regla sin complicaciones siempre MMEC te aconseja estudiar y analizar a las grandes empresas, negocios, emprendedores mira cómo y dónde establecen sus negocios, empresas, oficinas, la manera en que hacen publicidad. Créeme si no lo ponen en x esquina, ciudad o país es porque eso está bien estudiado y tú debes tomar eso muy en serio.

Es de relevancia entender y conocer el público. Recomiendo que vallas y preguntes lo que piensan de esto y aquello. Ponte en los zapatos de ellos antes de ofrecer tus productos o servicios haciendo esto establecerás el camino de tu éxito porque todo aquel que comprende a la gente y suple sus necesidades o agrega valor a sus vidas es exitoso en su emprendimiento. Tu tiempo dedicado esto será más valioso que estar creando un producto o servicio sin conocimiento del público al que deseas proveer.

¿Quieres vender o tener un amigo?

Cuando uno empieza y es primerizo en esto la mayoría de veces uno sólo piensa en vender y no tener un amigo. Puedes lograr con todo tu esfuerzo un cliente, pero hacerlo un amigo es parte de tu arte de negociación. Quienes en su manera de llegar a la gente logran un amigo y no solo un cliente son los que no pueden medir el límite de sus logros porque llegarán muy lejos y serán exitosos.

Para lograr amigos y no sólo clientes requiere que no solo un buen producto y servicio, sino que tu psicología detrás de ello influencien a la gente a vivir mejor, traer sonrisas, unir familias, llevar a disfrutar la vida etc. Tus objetivos íntimos hacen que tu sepas visionar a tus empleados, tu producto o servicio y sobre todo hacer un amigo y no sólo un cliente. Buscamos amistad y no solo un cliente.

Cuando una amistad es establecida con una persona a ella no le importara la competencia, servicios o productos a la puerta de su casa. Siempre pensara en ti e ira contigo a donde sea.

¿Quieres vender u obtener un distribuidor?

Un cliente solo comprará cada vez lo que necesita, pero un amigo se vuelve un distribuidor. ¿Qué deseas un cliente o distribuidor? Claro que un distribuidor. Pero esto no nace al azar si no se logra con estrategia y el arte de la negociación. amigos esto es tan valioso como emprender. Por eso muchos fracasan como emprendedores ya que ellos poseen buenas ideas y productos pero los emprendedores inteligentes van más allá, conocen tu público, encuentran o mercado y se dedican a quistarlo ya ellos buscan amistad que se convierte en transporte de su producto o servicio.

Claro que tu plan, tu producto, servicio harán esto, pero creo que el resultado de un equipo de destruidores convertidos está basado en el impacto que hagas con lo que les provees, pero más importante es que proactivamente tú te adelantes con estudios, estrategias y marketing que hagan de clientes amigos y de amigos a distribuidores gratuitos que multiplican tus entradas y la empresa explota su potencial. Quien maneje el arte de la negociación es un genio.

Las palabras

"No es mi costumbre usar las palabras a la ligera. Si 27 años en prisión nos hicieron algo, fue a usar el silencio de la soledad para hacernos entender qué tan valiosas son las palabras y cómo los discursos impactan la forma en que las personas viven y mueren" – Nelson Mandela.

Todos los emprendedores con éxito tienen el entendimiento del poder de las palabras. El lenguaje que usan los emprendedores es la gasolina que dicta la emoción, inspiración y acciones en su propia vida y empresa.

Es la capacidad de tener una librería de donde escoger y sacar palabras es lo que hace poderoso a un emprendedor. Las palabras son los zapatos que te llevan lejos y bendicen tu vida y a los demás, pero más hace que la gente te siga o se aleje. Es con las palabras que haces que te escuchen, acerquen y que la gente sean tus amigos o tus clientes. No pases esto al azar, dale importancia a las palabras que usas. Con las palabras se logra la paz o empieza la guerra y es con las palabras que construirás tu negocio o lo derrumbarás antes que el público de verdad te de la bienvenida.

La amistad

Otro de los poderes que tenemos a nuestro favor es usar la amistad. No se pero he aprendido que antes que hacer dinero o venderle a alguien debemos buscar su amistad primero. Tenemos que adelantarnos al fracaso, aun a los errores, a las faltas que muchas veces ocurren en productos o servicios aplicando el poder de la amistad.

Quien se ha presentado al mundo como amigo hace amigos y comprenderán tus limitaciones en tu moento. Pero quien solo busque hacer dinero y tener clientes los perderá tan fácil como los encontraron y si no me crees pregúntale al gobierno, servicios de electricidad o empresas de alarmas de casa.

Amigo emprendedor jamás perderás usando la amistad para todo. Asegúrate que eres alguien jovial, amable, cortes, dulce, amigable, perdonador, tolerante y siempre servicial haciendo esto establecerás un futuro que no tiene regreso solo éxito. En el arte de la negociación es importante aplicarlo proactivamente.

La sonrisa

Ya se ha dicho que una persona sonriente usa menos músculos sonriendo que enojándose pero cuantos no hemos aprendido esta lección y bendición de vida. Debes saber que la sonrisa para cualquier persona y más para los emprendedores es la llave que abre miles y miles de puertas que de otra manera estarían cerradas.

¿Usas la sonrisa en tu vida? ¿Qué ha hecho una sonrisa en tu vida? ¿Qué pierdes sonriendo a alguien, a un empleado, un familiar u un cliente? La sonrisa es medicina, es una llave, es un poder que hace milagros en la vida cotidiana, mundanal y social, nunca lo olvides. Para nosotros en MMEC es tan importante que la hemos convertido en uno de nuestros lemas "La sonrisa es lenguaje universal, sonríe".

La verdad

En el arte de la negociación siempre usa la verdad y solo la verdad, di siempre la verdad ella hará que seas libre y más importante serás poderoso que te mantendrá estable y tu emprendimiento en el camino del éxito. Los que han tenido éxito en los negocios y permanecen son lo que usaron la verdad.

Todos los demás flotaron como una bolsa sobre el mar que nunca tuvieron destino solo volumen.

La mentira es la fuente de desgracias, ganancias falsas y quita la vida de toda posibilidad de cualquier negocio, producto o servicio. La verdad debe ser siempre aplicada llueve, truene y relampaguee. Vive la verdad, di la verdad y reconoce la verdad en todo. Se verdad.

La verdad es vida y oxígeno para cualquier emprendimiento, tiene el poder de realizarte. El problema es que ella es como la semilla, lleva tiempo para su desarrollo, en otras palabras no produce inmediatamente, los resultados no se ven en el momento, tiene un proceso para dar beneficios y es allí donde se pierden muchos. Jamás perderás cuando pones como fundamento a la verdad para todos lo que pienses, hagas y vendas. Has todo por estar lejos de la mentira, nada puede suplantar la verdad todo lo demás es desgracia y fracaso tarde o temprano. En la negociación el éxito permanente es radica solamente en La Verdad.

La Sociedad

La Geografía nos ha hecho vecinos. La Historia nos ha hecho amigos. La Economía nos ha hecho socios, y la Necesidad nos ha hecho aliados. Aquellos a quienes Dios ha unido, que no lo separe el hombre. – Jhon F. Kennedy.

La importancia de los socios

Al inicio de una empresa en muchas ocasiones se puede empezar con uno solo pero llega un momento donde necesitas de ayuda y más si la empresa empieza a rodar, a crecer esto requerirá de más personas. Sin embargo más sabio es hacerlo desde el principio con una sociedad ya que eso da estabilidad y se puede proyectar más alto y alcanzar un más grande objetivo y meta.

Otro de los beneficios de involucrar a otros en el emprendimiento en sus inicios es que extiendes la capacidad e influencia que tendrá tu empresa como también se ven más rápido los peligros o posibles pérdidas si se toman ciertas decisiones. Es increíble el poder que hay en una sociedad al iniciar un negocio cuando se tiene todas las precauciones como investigaciones de lo que podría ocurrir o no al dar cierto paso.

Mucha gente no toma las medidas necesarias cuando empieza una empresa o negocio y luego lamenta por los resultados o las consecuencias de sus decisiones anteriores. Por lo tanto hablamos de que uno debe llegar a ser no solo un emprendedor con las emociones y todo el positivismo que debe tener y luego fracasar sino debemos ser emprendedores sensatos e inteligentes esto involucra todas las investigaciones necesarias para poder gozar de un buen inicio de negocio.

El Perfil de un socio

Al escoger o permitir que alguien sea parte de tu emprendimiento sigue la siguiente lista para considerarlo, aunque tú puedes agregar o quitar de acuerdo a tu situación. Un socio debe considerarse por lo menos por lo siguiente:

- Pasión por el emprendimiento, negocio o empresa.
- Confianza de que hay futuro en el negocio.
- Capacidad de conocimiento para mejorar el producto, servicio o negocio.
- Recursos humanos.
- Contactos.
- Información.
- Contabilidad.
- Conocimiento del mercado.
- Operatividad.
- Distribución.
- Educación.
- Profesión.
- Posesión de Dinero o capital para invertir.
- Conocimiento tecnológico.
- Amplio de mente.
- Firme pero flexible.
- Responsable.
- Estar dispuesto a sacrificar por la visión de la empresa.
- Cumple sus promesas y fiel a su palabra.
- Puntualidad.
- Toma responsabilidad cuando las cosas van mal.
- Enfocado.
- Prioridad es la empresa.
- Propone.
- Trabaja.
- Tiene visión.
- Creatividad.

Jamás involucres a alguien sólo por hablar bonito o explota de la emoción por la idea de emprender. Siempre que involucres a alguien como socio debes tener la sangre y mente fría y preguntarte:

¿Me ayudará o será un problema? ¿Sus capacidades o economía contribuirán o consumirá su presencia en el negocio?

¿Escucha, propone sabe cambiar de opinión si los hechos demuestran lo contrario? ¿Estaré yo feliz con su compañía constantemente? ¿Estoy dispuesto a tener juntas y explicar todas sus preguntas? ¿Será consistente en las buenas y las malas con la empresa? Etc.

El Poder de otras mentes

Al considerar una sociedad es crucial entender que más que capacidades y economía se permite fusionar mentes y una vez hecho la historia de uno, de la empresa y la humanidad ya no es la misma. Si una persona puede cambiar al mundo y suplir sus necesidades ¿cuánto harían las mentes unidas en un mismo propósito?

"Es mejor pasar el tiempo con gente mejor que tú. Escoge socios cuyo comportamiento sea mejor que el tuyo y te llevarán en esa dirección." – Warren Buffet.

En la sociedad el emprendedor inteligente y principal sabe que está uniendo poder y capacidad lo que equivale a mayor poder, mayor capacidad, mayor economía, mayor conocimiento, mayor experiencia. Por lo tanto, no tengas miedo a exponer tu idea, tu negocio, tu proyecto, tu producto o servicio a otros de confianza porque una vez ellos entiendan tu meta tienes la gran posibilidad de expandir tu proyecto.

Al unir mentes en el mundo de la sociedad tu perfil o imagen para el público será completamente diferente y logros extraordinarios esperan si supiste unirte a gente valiosa y contribuyente. Solo individuos, familias, naciones, iglesias, instituciones que han aplicado la unión, asociarse con otros han multiplicado su influencia, potencial, impacto y llegado a donde nunca soñaron pero que empezaron al querer agregar a otros a su aventura. Nunca tengas miedo de involucrar otras mentes. Solo puedes crecer.

El Dinero que no tienes

Otro de los grandes beneficios de la sociedad es que si tú tal vez no tengas dinero. Esto podría venir a ser parte de lo que abriría la puerta a socios potenciales. Es la necesidad de dinero y ellos la necesidad de una buena idea, proyecto, negocio, producto o servicio que juntos podrían echar a andar. Por lo tanto tienes una buena idea o proyecto pero si no tienes dinero no te desesperes ni desanimes ya que en la sociedad con alguien podrías solucionar este obstáculo para salir y comenzar.

"No hay progreso sin riesgo, y en un entorno donde el cambio se acelera, los riesgos se multiplican y las empresas son cada vez más complejo, las empresas necesitan, socios innovadores fuertes para ayudar a gestionar el riesgo. Nuestra marca establece claramente XL apartados como el socio fuerte, innovadora necesaria en el mercado actual." – Mike McGavick.

Sin embargo aunque tu situación requiera dinero debes ser precavido y no abrirte a cualquiera que aunque te provea el dinero podría ser tu muerte de ser un emprendedor exitoso. Debes tomarte tiempo para investigar, evaluar y concluir en tus mejores intereses ya que cuando se busca dinero para un negocio muchos inversionistas o familiares están solo esperando una oportunidad para ganar sin importarles tu éxito.

Una mala sociedad te puede endeudar por años o toda tu vida. Imagínate sin negocio y endeudado por largo tiempo hubiera sido mejor jamás intentar nada. Este tipo de sociedad es la que ha traído desgracias y el fin del gozo familiar ya que los involucrados están ahora metidos en una situación que complica la vida del emprendedor incauto y el inversionista aprovechado o legal, realmente busca recuperar su dinero.

Fuera de estas precauciones o posibilidades encontrarse y relacionarse con socios honestos, claros y responsables es el inicio de un éxito previsto y establecidos juntos con las mentes más lúcidas al establecer el negocio.

Uno de los grandes y exitos de socios y totalmente emprendedores son el grupo de los 6. Estos son Elon Musk, Peter Thiel, Kenny Howery, Max Levchin , Luke Nosek, Yu Pan. Si no los conoces ellos son los fundadores de PayPal. Han logrado muchas cosas juntos ya que aplicaron los principios de una sociedad inteligente. Estos miembros de PayPal acabarían montando nuevas empresas tecnológicas de gran éxito. Entre ellas están - Tesla Motors y Space X , Slide, Palantir, Youtube o Yelp. Amigos la regla de MMEC es básica y practica si ellos pudieron, nosotros podemos también. No se trata de suerte sino de tener los motivos, principios, plan correcto.

"Ir juntos es comenzar. Mantenerse juntos es progresar. Trabajar juntos es triunfar" - Henry Ford

Característicacs Fundamentales del Emprendedor

¿Qué necesitas para emprender exitosamente?

_____

_____

_____

_____

Has una lista de las personas que te gustaría tener en tu equipo:

_____

_____

_____

_____

¿Qué evitarías para no lamentar mañana con un socio?

_____

_____

Plan De Negocio

"Detrás de cada logro grande o pequeño existió un plan. Si deseas que las cosas sucedan, mientras más pronto aprendas a planear, más pronto sucederán". - Donald Trump, empresario inmobiliario.

En el plan de negocio involucra mínimo 8 pasos. Organizar, el producto o servicio, mercado, estrategia, costos, organización, registración, repartición de responsabilidades. Todo por escrito.

Organizar

¿Qué es organizar? Ya sea solo o al emprender una sociedad es importante establecer un plan de negocio lo que es la base de la organización. Muchos y especialmente nuestra gente latina lo hace todo al azar y como caiga sin tomarse el tiempo de organizar y establecer un claro plan de negocio. En el plan de negocio debe asumirse todo, la responsabilidad legal, moral y económica.

Producto o servicio

Como base encontrar el producto o servicio que supla una necesidad esto esta demás reafirmarlo como ya lo hemos dicho. Esto equivale a sondear primero tu mente, tus pensamientos, ideas, sueños y deseos. Sacar lo mejor de todo lo que tengas y de ello escoger algún producto, servicio, negocio, sistema, programa de algo que convertirías en el producto o servicio que traerías al público.

Ya sea que lo hagas solo o con tus socios, amigos o quien esté involucrado. Aunque iniciaras algo sólo es recomendable que preguntes que piensan las personas de tu idea, producto o servicio. No tengas miedo, inténtalo y vive la experiencia de ser un emprendedor por eso eres emprendedor.

Mercado

No todos los productos son para todos los mercados por eso debes conocer tu mercado y para ello tienes que sondearlo primero en ocasiones mucho antes de que tengas el producto o servicio completo. De qué sirve tener un hermoso producto o servicio sin mercado asegurado. No averiguar el mercado para tal producto o servicio es abrir tu propia tumba de antemano de deudas, desánimo y problemas que han matado sueños de emprendedores novatos.

Habiendo escogido con lo que quieres llegar al público debes asegurarte que hay mercado para ello, probarlo y si todo marcha bien hacer todo lo que involucre su promoción a un gran nivel de publicidad como redes sociales, periódico, radio, TV, emails, textos etc. Ven con algo confirmado al público o sea que una vez sepas y hayas probado tú mercado entonces ve con todo y a triunfar.

Recuerda sin mercado no sirve el producto, está obsoleto.

Medir los costos

En este plan de negocio debe considerarse todo el gasto para traer a la existencia el producto o servicio. El costo de producción para los primeros meses para lograr los clientes y estabilidad. Salario de los empleados. Gastos de transportación, almacenamiento, locales, tecnología, maquinaria, marketing, gastos de registración. Si hay crédito tomar en cuenta los intereses. Gastos de oficina como luz, agua, papel, tinta, teléfono, transporte etc.

También debe considerar de antemano y dejar bien claro lo que ganará y cuándo podrá cobrar cada socio, la fecha de recibir sus ganancias o retirar su dinero si así fuere el caso. Considera los costos de un abogado, contador, o consejero legal como también un coach.

Estrategia

Se debe discutir y establecer claramente cuál va a ser la estrategia a seguir antes que se ponga en moción el negocio. Quien no haga esto tendrá graves problemas y confusiones, los emprendedores inteligentes previenen todo esto de ante mano. El plan estratégico de mercadeo es esencial en cualquier emprendimiento.

Entonces ¿cómo empiezas? ¿cómo formas tu estrategia? La estrategia incluye primero encontrar y establecer el producto o servicio, la gente como objetivo si es hombre o mujer, jóvenes o adultos, de habla inglesa o frances, todo tipo de personas o gente hispano hablante etc. Qué tipo de marketing se usará, el convencional sería radio, periódico, anuncios públicos, TV o moderno redes sociales, blogs, google, YouTube, Facebook, Twitter, Instagram, etc.

Aquí también se nombra el encargado de tal responsabilidad y esa persona está encargada de hacer un equipo o de realizar el plan. En este proceso debe incluirse un monto para la meta de tal forma que se mantenga en el presupuesto. No dejar esto claro trae problemas y disgustos o mucho estrés por no haberse planificado y tomado todo lo posible en cuenta.

En la estrategia también debes considerar qué día u hora deseas que se publique tu anuncio ya que eso también es importante en el impacto de tal producto o servicio. Por ejemplo si te das cuenta en televisión comida a cualquier hora se anuncia o cerca de la hora de comer o cenar pero programas que solucionan tus problemas en la noche o muy de madrugada ya que el objetivo es encontrarse con aquellos que no pueden dormir por tal o cual problema y bum allí encuentras los clientes para tal o cual producto o servicio.

Si tu objetivo es llegar a la mayor gente posible considera la estrategia de grandes empresas al anunciarse durante un gran juego de futbol americano o latino. Este tipo de anuncios cuesta más pero los resultados son extraordinarios. Otro de los puntos es considerar que no es lo mismo anunciar algo el lunes donde todos están corriendo de aquí para allá que hacerlo el domingo donde la mayoría descansa en casa. En realidad, depende del producto o servicio eso determinaría tu audiencia. Se inteligente, se proactivo.

Registración

Otro de los pasos importantes en el plan al emprender es aprender a registrar la empresa. Esta es una de las áreas donde los emprendedores tropiezan. Muchos no toman en cuenta al inicio la registración de la empresa, el nombre, cuenta de banco, libros de registro, contador. Estas son medidas que se deben realizar con antelación y presionados por la urgencia una vez comenzada ya que la urgencia no deja pensar y se comenten grandes errores que más que ortografía traen grandes gastos que prudentemente pudieron haber sido ahorrados.

Todo emprendedor inteligente aun antes de emprender algún negocio primero estudia todo lo relacionado a las posibilidades de una idea, producto, empresa, leyes que involucren la realización de un negocio. Se vuelve un fanático de conocer todo lo que tenga que ver con emprender, establecer un negocio y las leyes que podría involucrar este pasó.

Una vez hecho toda investigación pertinente nada llega a sorprender pues ya se está preparado para enfrentar lo que viene o realizar lo que se debe hacer en tal caso. Los emprendedores exitosos son aquellos que viven en todo proactivamente. Tienen esa mentalidad que siempre progresa y protegen como previenen lo que podría costar mucho tiempo, dinero y energías que bien pueden evitarse de antemano.

Reparticiones de Responsabilidades

Establecer el papel del dueño, cada socio, su trabajo y tareas es esencial. Esto aunque suena tan lógico una vez ya emprendido el negocio muchos socios o familiares que al inicio brincaban de alegría y te daban la vida por lo dicho cambian rotundamente al estar ya la empresa establecida son los más tarde llegan a ser grandes obstáculos o consumen tiempo al estar explicándoles qué deben o no hacer.

Las responsabilidades deben ser expresadas claramente y por escrito. Si puedes hacerlo con tu abogado de confianza mucho mejor.

Todo por escrito

Aunque lógico es importantísimo que el plan se haga todo por escrito. Todo acuerdo debe escribirse, hasta lo más mínimo tiene que incluirse. Déjese por escrito quien es el dueño o dueños, socios e inversionistas. Los reglamentos hasta donde sea posible deben estar claros y sobre todo escritos.

Quien no tenga un manual o pautas a seguir como empresa sólo irá como a dar un paseo al parque con el resultado de una gran deuda y nuevos enemigos quienes en un momento habían puesto toda su confianza en ello. Vale la pena invertir tiempo en escribir todo lo relacionado al negocio, aunque sea tú padre o suegro el que esté afirmando que hará o dará tal cosa. Papelito firmado en mano vale más que las palabras en estos días.

Sin embargo además de aconsejar que sea todo por escrito es importante que entre más grande sea el negocio o lo involucrado se utilice todo conocimiento y servicio legal. Por eso es de gran interés futuro que todo lo planeado, establecido y acordado esté en papel legalmente con un abogado. El dueño inicial debe asegurarse que todos reciban una copia de tal acuerdo y aun dejar bien claro quién es el encargado en tal o cual circunstancia etc. Nada que involucre la empresa o negocio puede dejarse sin escribir legalmente.

Característicacs Fundamentales del Emprendedor

8

La Escalera
MMEC
A Tu
Propia Empresa

Escalón 1

Despertar Conciencia

"Es en el momento presente cuando tienes el poder de cambiar los pensamientos que te limitan y plantar de forma consciente las semillas para un futuro de tu elección, al cambiar tu mentalidad cambias también tu experiencia"- *Serge Kahili Rey*

La base para empezar en cualquier área en este caso tu empresa *No está* en el dinero ni en las oportunidades, no radica en la universidad, ni los libros, ni los seminarios o mentores. *Está en que tú despiertes*. ¿Despertar a qué? MMEC te invita a despertar:

- A tu potencial,
- capacidad,
- poderes,
- dones,
- talentos,
- conocimiento,
- inteligencia,
- facultades,
- oportunidades,
- posibilidades,
- genio,
- espíritu,
- deseo de impacto en la sociedad
- etc.

Yo, fui creado para despertarte. Soy el alarmista, soy el trompetero para sacarte de tu conformidad y engaño en conceptos de emprendiento y por eso estoy aquí para que despiertes y puedas descubrir El Potencial que ya posees para ser Un Emprendedor Inteligente.

Duele y molesta reconocerlo, pero es tan cierto como

la existencia del sol y la luna. **Necesitamos despertar a nosotros mismos**. Nosotros somos el problema de nuestra vida. Hemos consumido tanta basura en pensamientos, ideas, conceptos, creencias que cuando se nos dice que nacimos para ser grandes el subconsciente nos grita "mentira" ya que así fuimos educados por décadas gracias a nuestros padres, maestros, amigos, y cultura.

En todo lo que somos o podríamos llegar a ser MMEC es que "Nosotros mismos somos los limitantes, el obstáculo." El momento en que eso sea descubierto podemos empezar a reeducarnos, a enfrentar a nuestro subconsciente y educarlo a vivir para lo que fue creado ser y hacer de nosotros mismos hombres y mujeres inteligentes en su visión de vida.

Hablamos aquí de tener una experiencia como la de Hark Eker el empresario y millonario creador del extraordinario curso Mente Millonaria que esta impactando a todo el mundo. ¿Pero como escalo a este gran éxito de su vida hasta hoy que escribo este libro? Se cuenta que muy joven un día estaba en el sótano de su casa cuando un amigo rico de su padre le hablo mientras él estaba sentado en el sofá "Eker yo empecé en el mismo lugar que estás tú, era completamente un desastre." "Pero luego recibe un consejo que cambio mi vida que me gustaría pasártelo a ti." "Hark si no estás haciendo tan bien como te gustaría. Todo lo que eso significa es que hay algo que tú no sabes." Como el sr. T. Hav Eker explica en su libro 'Secretos de Una Mente Millonaria' estas palabras, frases fue lo que despertó su consciencia y empezó ese mundo que hoy posee.

Despertemos nuestra conciencia primero, así el subconsciente tendrá que ser enfrentado y reeducado y de allí dictar nuestro comportamiento y él se encarga de ir allá adentro y sacar al gigante escondido, al genio, al conocimiento, la inteligencia, el sabio, la creatividad, dones, lamentos, talentos sin usar hasta este momento. Todo este proceso trae a la vista un nuevo ser que se llama tú. El verdadero TU, El TU ORGANICO que hasta hoy desconoces, pero descubierto te llevará a otro nivel de vida. Si todavía no tienes nuestro libro llamado Pasos a Tu Libertad Financiera adquiérelo hoy – www.miguelmartin.info

La pregunta que te tengo después de tantos capítulos leídos, libros, seminarios, videos, cursos, problemas, deudas, dolor, vergüenza, temor ¿quieres despertar? ¿Vas a despertar? ¿Estarás listo para despertar? La gran pregunta MMEC es ¿Si te has aceptado dormido te aceptarás despierto? Piensa en lo que acabo de preguntar y medita en tus respuestas. Escúchate.

Haz lo que tengas que hacer, pero en este instante cree que tú eres único, especial, eres poder, eres talento, eres posibilidad, eres vida, eres conciencia, eres constructor de tu propia existencia. Si dices SI a todo lo que he dicho entonces estás despertando y cada vez que lo creas y actúes en esa creencia estarás reeducando tu subconsciente y lo pondrás a trabajar para ti al 300%.

Ya despiertos hagamos lo que fuimos creados a ser, "Únicos", "Especiales", "Diferentes", "CREACION", "Emprendores Inteligentes.

Escalón 2

Establece Visión

"El éxito es la realización progresiva de una meta digna o ideal" – Earl Nightingale

Sé que has oído de la importancia de tener una visión y en gran parte de humanos la tiene sólo que no es la de ellos sino de otros. ¿Cómo lo sé? Lo sé por el estilo de vida que tienen, sus gritos de más, lamentos de desgracias, esos resultados lo dicen todo. No viven su propia visión.

Es imperativo que tú escojas Tu Propia Visión de vida. Y para eso tienes que contestar ¿por qué existes y para qué existes? Una vez lo tengas claro será súper motivador el buscar que tu visión se haga una realidad. Solamente aquellos que establecen visión encuentran una misión de vida. Establece Tu PROPIA Visión de vida y nunca más estarás esclavo a nada NI A NADIE.

Mucha gente desea ir de vacaciones, pero sin saber a donde, sin tener el tiempo, menos el dinero, pero quiere ir de vacaciones. ¿Qué bien le hace querer ir si no sabe a dónde, no tiene el tiempo, ni posee el dinero? Una vision antes de partir o empezar es importante.

Asi lo ha vivido una mexicana de San Luis Potosi. De pequeña a los 8 años siempre estaba mirando hacia arriba literalmente cuando vio la explosión del Space Shuttle Challenger desde ese día quedo marcada con esa tragedia y la pregunta de ella era ¿que paso en el centro de control? Desde ese entonces adquirió una visión. Su nombre es la famosa mexicana Dorothy Ruiz Martinez. Esto la llevo a tener grandes emprendimientos y resultados:

"En 1998 hizo una pasantía académica por medio del programa de Langley Aerospace Research Summer Scholars del centro de investigaciones de NASA Langley en Virginia y se enfocó en la investigación de materiales criogénicos reusables para vehículos espaciales de alta velocidad.5 Después, realizó tres rotaciones de prácticas estudiantiles en el Johnson Space Center desarrollando material de entrenamiento para los astronautas en el sistema de propulsión del transbordador."

"Su primer trabajo fue como instructora de astronautas en el sistema de control y propulsión para el Transbordador Espacial.6 y después se transfirió al departamento de Operaciones de Misiones Espaciales como Ingeniero de Planificación de Actividades Espaciales en Tiempo Real (RPE).7 En total, participó como RPE en la planificación total de 12 misiones espaciales del transbordador , contribuyendo en la tierra a los esfuerzos de toda una comunidad de ingenieros y científicos8 hacia el ensamblaje final de la Estación Espacial Internacional."

"En el 2008 trabajo en Moscú y en el TsUP como Coordinadora de Enlace de actividades espaciales entre la NASA y la Agencia Espacial Rusa.5 Desde marzo del 2013, trabaja como operado de vuelo Houston GC9 en el Centro de Control de Misiones espaciales en Houston, controlando los sistemas que enlazan las comunicaciones satelitales entre el ISS y la tierra.6 Ruíz-Martínez ha sido seleccionada para controlar las comunicaciones de la base de control para el proyecto EM-1 (Misión de exploración 1) que llevarán a una nave no tripulada a la Luna orbitando a su alrededor durante 30 días con la finalidad de realizar más misiones al futuro para llevar a los astronautas a Marte." – wikipdia.org

Para empezar esa visión será su destino o nombre del lugar, país, estado, playa, rancho, monte, río, lago, Hotel, restaurante que desea visitar. Escoger a dónde llegar, eso sería su visión.

Como ejemplo tu visión podría ser:

- Dedicar mi vida a Despertar Conciencias.
- Proveer un camino a Libertad Financiera.
- Más Tiempo Para realizar lo que me apasiona.
- Escribir.
- Ayudar hispanos.
- Hacer felices a las personas.
- Proveer herramientas para que empresas tengas éxito.
- Servir. Etc.

Escalón 3

Escribirlo en Grande

"Cuando usted fija una meta, escríbala y entonces sera como hacer una promesa a si mismo." -Tony DiCicco

Todo lo que te propongas hacer en la vida tienes que escribirlo en algo, un cuaderno, notas, servilleta, pisaron, lo que quieras usar, puede ser tu propio móvil, pero tienes que escribir para poder verlo continuamente. La mente cree lo que ve y se aferra a ello.

Más de 5 mis libros fueron los títulos escritos para poder ser escritos a futuro. Lo que ahora es **mi propia empresa** MMEC por más de 7 años estuvo escrito en mi agenda. Varios de mis otros negocios estuvieron en mi agenda dentro de un lapso de 10 años. Ir a Europa, el tipo de esposa que deseaba y más. Todo escrito, es la regla de mmec.

Gran parte de los sueños y visiones de la gente se pierden y terminan en la nada sólo porque no se escribieron. Simple práctica, pero poderosas. Muchos si muchos son los que jamás entenderán esto y por ello pocos están profetizados a ganar, a lograr, a liberarse de un empleo con todas las de triunfar. No comenzaran su propia empresa simplemente por no escribirlo en grande.

Anímate a escribir. Escribir las cosas lleva una magia de realización. Creo que el escribir una visión, escribir las cosas avanzan un 50%. Así empiezan grandes empresarios. Quienes, con visión, horizonte empiezan a vivir establecerán su visión escribiéndola. Haz lo mismo.

Escalón 4

Meta

"Si un hombre no sabe a qué puerto navega, ningún viento es favorable." - *Lucio Anneo Séneca*

Una vez se tenga visión establecemos metas. La meta es que deseamos dejar el empleo, tener un negocio o empresa en este caso para poder llegar a vivir nuestra visión. La meta se escoge y escribe bien claro y sin borrones. Debe de estar tan clara que lo veas en la noche y que un niño de 5 años lea y lo entienda. La noche y niño es una metáfora. Tiene que estar bien claro para que lo entiendas y veas al leer.

"Todos necesitamos metas poderosas a largo plazo para ayudarnos a superar los obstáculos de corto plazo". - Jim Rohn

Establece tus metas pequeñas, grandes, largas, cortas en plazo. Si eres fiel a ella créeme que no te arrepentirás. Meta, meta y más meta hasta que se haga una realidad. Tus metas podrían empezar tan básicas como:

- Buscar una agenda para establecer mis metas.
- Desde mañana camino al trabajo con una mochila con mi equipo de educación MMEC. Explicado en nuestro libro "Dile Adiós al Empleo – Comienza Tu Propio Negocio." www.miguelmartin.info
- Compraré libros y audio libros para escuchar y leer.
- Organizar mi closet.

- Analizar oportunidades de negocio mientras trabajo.

-

- Metas más grandes son:

- 5 días de la semana me levantare 1 hora más temprano para leer X libro.

- Los domingos se lo dedicaré a mi familia.

- Comer menos cosas guisadas.

- Comer más Verde, Frutas etc.

- Media hora cada día antes de dormir meditare en mi vida.

- Estableceré un lugar de estudio en mi casa.

- activar 1 negocio.

- Metas más grandes serían:

- Por 3 meses comenzando mañana no comeré en restaurantes.

- El dinero que usaba para comer fuera lo ahorraré y con el compraré libros o audio libros, diccionarios.

- Haré un presupuesto de hogar para reducir mis gastos.

- Dinero que sobre del presupuesto lo empezare a ahorrar para mi primer negocio.

- Tener activado 1 negocio y estar investigando otro.

- Metas más grandes:

- En el periodo de 1 año pagaré mis deudas de crédito.

- En este mismo periodo pagaré mis carros.

- En el mes de tal año llevaré a la familia de vacaciones a X lugar.

- En este periodo debo tener 2 negocios activados.

- Más metas:

- Entre 2 - 3 años, día y mes dejaré el empleo.

- tener activados mínimo 3 negocios productivos que estén dando entradas.

- Mi propia casa sin deudas.

- Mi empresa y productos propios.

- Dinero suficiente para invertir en otro negocio que triplique el dinero.

"Todos necesitamos metas poderosas a largo plazo para ayudarnos a superar los obstáculos de corto plazo". -Jim Rohn

Una de mis metas más importantes fue con mi esposa. Yo me casé con alguien no legal en este país y una de mis metas bien temprano de nuestro matrimonio fue hacerla legal en este país. No fue nada, nada fácil, termino fuera del país y de mi vida por un año pero que logramos 3 años después de habernos casado. (Puedes leer toda la historia en el libro 'El Poder de Pedir' en www.miguelmartin.info) Tener las cosas escritas como metas tienen un poder que nadie puede impedir. Escrito estaba como meta, escribí su legalización que es toda una historia que cuento en mi libro El Poder de Pedir consíguetelo e inspiraras mucho tu vida.

Escalón 5

Fecha

"Las metas son sueños con fecha de entrega" - Anónimo

Ninguna visión o meta tiene sentido sino lleva una fecha de caducidad. Se le tiene que poner fecha para cuando se desea lograr esa meta que en este caso es activar tu emprendimiento para llegar a tener tu propia empresa.

"Si empieza a trabajar en sus metas, sus metas trabajarán para usted. Si empieza a trabajar en su plan, su plan trabajará para usted. Cualquier cosa buena que construyamos terminará construyéndonos a nosotros mismos". - Jim Rohn

Podría ser en los próximos 6 meses, un años, dos etc., ver tu calendario y lo apuntas, lo señalas, lo escribes. Ya que estamos en serio quiero que si estás empleado establezcas una fecha para cuando tú creas que estarás listo para irte del empleo. Igual que fecha pondrás para empezar tu empresa o cualquiera otra cosa. No tiene que ser exacta, pero pon una fecha día, mes y año y cada vez que la veas será más real y fácil de lograr.

Uno de mis libros con el que más éxito he tenido. Esta bajo este principio de poner una fecha. Un día me llama mi equipo de ventas y creadores de productos diciéndome "Miguel necesitamos un libro que exponga porque has tenido éxito" Les conteste perfecto posponiéndolo a futuro. Pero me espante cuando me dijeron: "Lo necesitamos en esta semana", ¿una semana les pregunte - que, están locos? Me contestaron "simple lo necesitamos para tal proyecto y si lo quieres ver necesitamos el libro esta semana."

Nunca lo había hecho, pero aplique el principio de la visión, meta *y fecha*. Tomé mi agenda y me di cuenta que una semana exacta terminaba el domingo a las 3pm. Me puse a trabajar inmediatamente, me metí a mi oficina y no salí hasta tenerlo. Y sabes que lo escribí en menos de una semana. Me sorprendí, sorprendí a todo mi equipo y apareció mi libro "Las 12 Reglas de Una Vida Exitosa" lo escribí en 3 días gracias al principio a poner una fecha. Claro este solo es un ejemplo, tu ponle fecha a tu meta y objetivo en tu emprendimiento. Si lo haces lograras y harás cosas extraordinarias.

Es increíble cómo funciona esto. Cuando decidí viajar de Guatemala a Estados Unidos igualmente estuvo bajo este mismo principio aún recuerdo haberle puesto una fecha de salída, día jueves a las 5pm. Y cuando fue jueves a las 5pm *en punto* estaba saliendo hacia mi nueva vida y nueva vida tengo y comparto.

Escalón 6

Desempleado

"No puede existir mejor universidad para emprender que estar desempleo" – Miguel Martin

La mayoría de personas que empiezan la vida de emprendedores es la que está en desempleo o sea no tienen ni siquiera un empleo por muchas razones. No importa el país, ciudad o cultura donde sea hay gente desempleada y es posible que allí te encontró este libro.

El Emprendedor inteligente - Comienza tu propia empresa -

Bernard Marcus y Arthur Blank son un vivo ejemplo de esta verdad. Ellos después de ser despedidos de Handy Dan Hardware Store quedaron desempleados en 1978. Pero estos en lugar de murmurar y quejarse usaron su experiencia y emprendieron y crearon lo que hoy se conoce como 'Home Depot' allá en los 1981.

Estar desempleado es una buena base para empezar algo propio. En mi opinión el desempleo es la mejor oportunidad de recrearnos y salir a conquistar nuestro mundo. Si logras despertar conciencia a las verdades expuestas en este y muchos de nuestros libros, videos, seminarios, charlas etc., te prometo que tu mundo cambiará y elevaremos tu posición mental, emocional, social y económica.

También hay otros que buscamos rescatar, aunque no lo creas que están en el mundo de los perezosos, aquellos que oran a Dios para no encontrar empleo. Estas personas tienen un problema de espíritu, de motivación, de razón de existencia e identificación personal y por lo tanto son peores que los gusanos ya que los gusanos solo consumen, se mueven, pero estos sólo esperan comida.

Esta gente como los parásitos siempre esperan de los padres, familiares, son fieles al sistema del gobierno, cupones, ayuda humanitaria y otros medios como iglesias que ciegamente mantiene a esta gente. Siempre hay alguien que despierta y dice ¡Ya basta! Quiero cambiar y Cambian.

Es mi deseo que uno de ellos, esta gente envasada en la pereza lea este y otros libros y despierte a su potencial y razón de existencia y cambie las estadísticas con una vida diferente y productiva. Esperaremos y ponemos toda nuestra fe en que es posible, mientras empezamos con nosotros los que si estamos conscientes de quienes somos.

Cualquiera sea tu condición donde te encuentre este libro usa la oportunidad para evaluarte y preguntar qué quieres de la vida, que tienes para dar en el mundo y que oportunidades podrías usar para salir de este hoyo social y saques la cabeza y vivas por ti mismo, saca la mano para que alguien te ayude mostrando el camino hacia una vida con sentido y llena de riqueza.

Todo es posible y por eso es que estamos aquí despertando

conciencias de las grandes posibilidades en la vida para ti. Por lo tanto, el primer paso al emprendimiento es reconocer tu miseria, condición y posición actual. Contesta las siguientes preguntas para despertar conciencia o que la conciencia, tu alma, tu vida nos ayude a identificar dónde te encuentras en este momento.

¿Dónde estás ahora te gusta?

_____
_____
_____
_____
_____
_____

¿Dónde estas en la vida familiar te sientes cómodo?

_____
_____
_____
_____
_____
_____

¿Dónde estás en la vida social te gusta?

_____
_____
_____
_____

¿Estas contento, realmente feliz con tu condición económica?

_____
_____
_____
_____
_____
_____

¿Despiertas cada día con una sonrisa por respirar, ver y tener la vida que tú quieres?

_____
_____
_____
_____

Escalón 7

Empleado

El muy conocido en esta etapa es el empleo. Todos aquellos amigos que viven gracias a un empleo tienen que tomarse un tiempito para evaluar su vida, condición actual y reconocer las grandes posibilidade que hay más allá que un empleo formal.

El problema no es el empleo porque de una u otra manera te ayuda. El problema es que no vemos más allá que un empleo y por lo tanto asesinamos nuestro potencial y verdadera razón de existencia en el empleo en el que estamos bien arraigados.

Te digo de antemano que no será fácil leer esto y salir brincando de alegría y decir "soy libre" de la esclavitud moderna, el empleo. Todo lo contrario, querrás negar lo que aquí se dice, tu misma mente recurrirá a sus raíces familiares, sociales, culturales y con miedo te dirá "ten cuidado, esto no es para ti."

Sin embargo, en la escalera de MMEC reconocemos la importancia y el bien de un empleo cuando *el individuo despierta conciencia convierte su empleo en un estado de educación y es solamente de allí donde reconoce su potencial y descubre las grandes oportunidades* que todos los humanos tenemos en esta vida.

El famoso James Franco trabajaba en un restaurante de comida rápida cuando se preparó para su emprendimiento. El actor practicó sus acentos mientras trabaja en la ventana de autoservicio del McDonalds. Para ser lo que ahora es lo empezó en su empleo. Un inicio muy común para los grandes y exitosos emprendedores. Hoy es una mega estrella.

Allí en ese empleo establece visión, misión, y metas hacia su independencia en la vida. Todo tiene un inicio, proceso y resultado. Empieza donde te encuentre este libro.

Escalón 8

Edúcate donde estas

"Usar tu empleo como plataforma de educación es una oportunidad que pocos reconocen para triunfar y todo por su ignorancia" – Miguel Martin

Las personas altamente SMART=inteligentes son aquellas que han comprendido el potencial del que cuentan en ellos mismos. Ellas no ven más el empleo como una jaula, una cárcel, algo tedioso para ellos el empleo se transforma en una plataforma de educación establecida y elegida por ellos mismos.

Por un año me tocó trabajar para un abogado en California donde aprendí hacer de mi trabajo una escuela. De hecho, de antemano él me dijo que deseaba más que tener un empleado tenía la intención a educarme y que no tomara nada vagamente lo que viera, oyera, escuchara. Con él para todo tenía una agenda.

Mientras era su empleado aprendí el siempre caminar con un libro, una libreta, plumas, marcadores, siempre tomar notas, audífonos para escuchar la radio y programas educativos. Me enseño leer de todo. Periódicos, libros religiosos, negocios, liderazgo, motivación, finanzas, juventud, política, familia y más. En mi experiencia personal él fue mi "Padre Rico" – concepto de Robert Kiyosaki.

Con él aprendí a leer y estudiar en el baño, haciendo fila en una tienda, coreo, esperando la comida, esperando un cliente. Fue un gran motivador en mis primeros años. No importaba donde estuviera viajando, trabajando o en la oficina aprendí tener siempre lo que ahora llamo mi mochila MMEC.

Con buen énfasis lo dijo el gran Jim Ronh. "La educación formal te dará una manera de ganarte la vida. **La autoeducación te hará ganar una fortuna.**" Auto educarnos nos permite ser verdaderamente emprendedores en la vida creando nuestro propio destino, disfrutando el presente con sentido.

En esta plataforma ellos se posesionan como alumnos. Alumnos dispuestos a aprender todo lo relacionado a lo que hacen y porque lo realizan. Empiezan a ir al trabajo con mochila en mano, su equipo MMEC de estudio - libros, audio libros, diccionarios, revistas empresariales, negocios, lápiz y papel.

-       Lo primero que hacen los despiertos es que le dan importancia al tiempo. Cada descanso en el empleo lo toman para leer, escuchar audios, *o visualizarse en esas revistas de negocios*, empresas y más. Muchos a esto le llaman auto engañarse, yo no creo en el engaño ni en la mentira por lo tanto le llamo visualizarse, meterse con la mente a esas revistas o audios que enviarán mensaje a todo tu ser, a tu vida y llamarán las oportunidades que te llevarán a esa meta digna. En la hora de comida hacen eso comen y luego se ponen a leer, oír audios, leer revistas de negocios o diccionarios, cursos etc.

-       Se alejan de chismes, bromas, pérdida de tiempo en los problemas. De esta manera son pacificadores pero inteligentes ya que lo hacen por usar bien su tiempo con una visión clara de lo que buscan.

-       El papel y lápiz y no hablo de uno imaginario sino "literal" es para tus notas tan pronto vengas a leer o escuchar audios. Ellos no dejan pasar esas ideas que surgen de cualquier cosa que leen o escuchan. Has notas.

-       El papel y lápiz será usado para tomar notas de cosas que les gustaría investigar.

- El papel y lápiz será usado para escribir todas esas ideas o pensamientos que surgirán mientras piensas y trabajas.

-       El papel y lápiz será usado para cuando te vienen ideas o pensamientos cuando estés sentado en el baño del trabajo.

-       Si no quieres cargar con papel y lápiz usarás el móvil inteligente para tus anotaciones en lugar de estar perdiendo tiempo revisando redes sociales.

-       Durante el trabajo si no es ningún inconveniente y si se te permite debes usar tus audífonos para escuchar audio libros, postcast de empresarios, negocios, cursos disponibles al público de manera gratuita. Suscríbete al nuestro en https://www.youtube.com/miguelmartineducationcenter

Esto es posible solo con una mente consciente y bien despierta. Con razón Jim Ronh explicó: "Todos conocemos una variedad de formas de ganarse la vida. Pero es mucho más fascinante imaginarse las formas de hacer una fortuna".

Es importante para los que están empleados y desean dejar el empleo inteligentemente paso a paso. En esta escalera es importante dedicarse a la educación en todo sentido. Áreas y temas en las que debes dedicar tiempo es:

- Desarrollo Personal.
- Red de Mercadeo.
- Administración.
- Economía.
- Negocios en línea.
- Negocios convencionales.
- Productos.
- Desarrollo de una empresa.
- Empleados.
- Sistemas.
- Programas.
- Salarios.
- Regularidades al tener una empresa.
- Política empresarial.
- Ética empresarial.
- Etc.

"El propósito de la educación es reemplazar una mente vacía con una abierta." - Malcolm S. Forbes

Tienes que seriamente educarte al estar empleado. Leer libros, enrolarte a un curso, clase, carrera que te ayude en conocer el área al que deseas dedicarte en tu emprendimiento. Recuerda todo lo que hagas de ahora en adelante es y será únicamente para establecer tus negocios o empresa y por lo tanto necesitas aplicar "educación selectiva" al 300%.

Escalón 9

Universidad Empresarial

"Si estas empleado y quieres emprender, pero no sabes dónde empezar yo te digo cambia de concepto y convierte tu empleo en tu universidad empresarial, aprende de todos, de todo y sácale el mejor provecho a tu experiencia en el empleo."
– Miguel Martin

Una vez ya estas claro con lo que deseas **realizar con tu vida** y cuando realizarlo ahora pasas a otro nivel, el de convertir tu empleo en una universidad autodidacta. ¿Qué quiero decir con esto? Explico, ahora tomas papel y lápiz **para investigar cómo funciona la empresa en que estés empleado, empresas, razones de sus productos, servicios, contaduría, salarios, reglas etc.**

Como Emprendedor Inteligente no sólo produces en trabajo por lo que te pagan, sino que te haces amigo de los que más puedas entre los grandes, patrones, jefes, manejadores, secretarios y más que ahora en adelante son tus catedráticos. La intención es aprender de ellos para lo tuyo. La verdad es que ahora el empleo si sigues empleado se vuelve un placer asistir y aprender.

Otra de las herramientas en tu propia universidad es el arte de usar las preguntas inteligentemente. No hay pecado ni regla que diga que no se pueda preguntar y apuntar. Pregunta sagazmente y has tus notas, usa tus tiempos libres para realizarlo, llega más temprano o retírate más tarde de tus horas de trabajo. Créeme es posible y como contestan estos nuevos maestros. **Construye tu negocio o empresa desde tu empleo haciéndola tu universidad empresarial.**

Un extraordinario modelo a seguir en este punto es el famoso Ray Kroc. Este hombre fue el fundador de la cadena McDonald's. Además, es el responsable de la internacionalización y expansión de esta empresa. Pero lo que no sabías es que la empezó mientras trabaja en una empresa de máquinas de batidos - Multi-Mixers.

Kroc forjó una fortuna millonaria gracias a McDonald's, la cual ascendió a más de $ 500 millones de dólares en el cambio de su época, siendo una de las personas más acaudaladas de Estados Unidos. ¿Dónde empezó? En su empleo. Aprendió, observo, encontró la oportunidad mientras les vendía su producto a los hermanos McDonals's.

Aún más creo fielmente que mientras uno está empleado debe de dar su todo a la empresa y ellos por ver en ti tanto interés y potencial están dispuestos a educarte enviándote a seminarios, cursos o clases de universidad con tal que estés cada vez mejor capacitado. Esta es una de las herramientas educacionales más poderosas para los que desean graduarse de este curso de MMEC y libro "Dile Adiós a Tu Empleo, Empieza Tu Propio Negocio" desde tu empleo. (libro lo puedes conseguir en www.miguelmartin.info)

También si eres SMART, SABIO, te registrarás TU MISMO a cualquier clase, curso, seminario de escuela, colegio o universidad que específicamente te de la información que necesitas para tu propio negocio, producto, servicio.

Esta es la hora de liberación total de la esclavitud moderna solo que tú lo harás con todas las de ganar. Ya vasta seguir esclavos conscientemente. Usemos todo, todo lo que está a nuestro alcance y tengamos como meta también graduarnos y eso es el día cuando sin titubeo le decimos "Adiós empleo" - Adiós jefe, adiós manejador, adiós ordenes, adiós a todo eso. No he encontrado manera más rentable que estar empleado y crear su propio destino empresarial desde allí.

"El aprendizaje es lo que la mayoría de los adultos van a hacer para ganarse la vida en el siglo 21" - Perelman

Escalón 10

Activar Negocios

"Crear negocios durante el periodo de empleo es lo mejor que puedes ingeniarte mientras estas empleado." – Miguel Martin

Días atrás escuché una charla de una doctora y explicaba que le daba vergüenza por aquellas personas que siempre se quejan de que "no tienen tiempo para realizar su educación u otra meta." Ella explicaba como 24 horas se pueden dividir en 3 partes de las que personal desde los 90s empecé a aplicar y me ha funcionado extraordinariamente.

Deja darte una idea lo que serían 24 horas para un exitoso empreddedor, nos daría lo siguiente.

- 8 horas para el empleo, trabajo etc.
- 8 horas para dormir.
- 8 horas para todo lo demás DIARIAMENTE:
- Familia
- Cosas espirituales
- Estudiar. Ir a la escuela, leer o cualquier cosa universitaria.
- Placer, ejercicio y mas.

Allí tienes 24 horas. ¿Tienes excusas? Vamos Usemos este tiempo que todos desde el presidente, el diablo y tu tienen el mismo tiempo para lo que queramos hacer. La diferencia es que de este momento en adelante elegimos usar bien, sabiamente y con meta nuestro tiempo. Así nacen y se forman grandes extraordinarios empresarios.

Pero MMEC va más lejos y te propone que le quites 3 horas a las 8 de dormir duerme 5 exactas con las que puede vivir súper bien y usa esas otras 3 para dedicarla seriamente a tus oportunidades de crear NUEVOS NEGOCIOS. Esas 3 horas extras diariamente son 21 horas por semana, 84 horas por mes y 1,008 horas por año. ¿Todavía me quieres decir que no tienes tiempo?

Yo no estoy proponiendo que seas cualquier *emprendedorcito, intenta todo y tiene nada*, o logra estrés, mas deudas con tus negocios ya que piensas que para todo tienes que tener un buen capital, vas al banco, al amigo a lo que sea para endeudarte y como eres súper "antiguo", "mal educado", "convencional" solo es la burla de todos.

Ya en el proceso de educación en las muchas horas libres de tu empleo, mientras esperas el bus, la comida, en el baño sentado en la tasa, mientras esperas tu cita con el doctor etc., tienes que APRENDER A dedicar tiempo a investigar oportunidades no para encontrar otro trabajo sino para:

- Educarte. Leer, escuchar o asistir a alguna escuela para aprender cómo crear tus propios negocios al lado mientras estés empleado.
- Puedes fácilmente crear no solo un negocio sino negocios. Involucrándote con multiniveles que dan la oportunidad de empezar tu propio negocio y es instantáneamente.
- Empezar tu propia empresa. En esta fase puedes averiguar leyes, reglas etc. Eso es empezar.
- Convertir tu conocimiento en un producto que puedas vender sin estar ausente de tu empleo.
- Buscar y encontrar tus talentos, dones o experiencia que puedas convertir en un servicio que otros necesiten.
- Recuerda La Red de mercadeo dan increíbles oportunidades para empezar negocios.
- Considera las ventas directas. Extraordinarias para crear negocios y capital propio para lo tuyo. Se inteligente.
- Red de Afiliados sistemas ya listos para activar entradas pasivas por las ventas electrónicas. Como recomiendo estos negocios en vez de perder tiempo en las redes sociales.
- Regla MMEC es "Usar Las Redes Sociales para generar entradas económicas".

Si no quieres quebrarte la cabeza y quieres entrar a un negocio y empezar a hacer dinero entonces te recomiendo esos negocios ya mencionados. En estos negocios no necesitas más que empezar ya que ellos tienen el producto, el sistema y la oportunidad de que tus inmediatamente empieces negocios rentables. La clave en estos negocios es que te dediques a ellos. En estos negocios tú eres tu propio jefe, haces tu propia agenda y tienes todo el tiempo que tú quieras para tu familia y gustos.

Alguien dijo "imposible" jajaja sólo un verdadero estúpido y dormido en conciencia diría eso. Ya vasta mi gente de seguir esclavos en las excusas de que no se puede, que es difícil y que eso no es para nosotros. *Si es posible y en esta época de información es un pecado no usar las tantas plataformas para no vivir la vida empresarial.*

Recuerden hablamos de cambiar un empleo por emprendimientos, negocios, una empresa propia.

Un experto dijo: "Para ser financieramente independiente debe convertir parte de sus ingresos en capital; convertir su capital en empresa; hacer que la empresa dé utilidades; convertir esas utilidades en inversiones; y convertir esas inversiones en independencia financiera". - Jim Rohn

No cualquier negocio sino negocios que te gusten en donde puedas aprender. No importa cuántas veces los intentes hazlo una y otra vez hasta que crezcas en ideas, conocimiento, experiencias. Que mejor que logres buenas y muchas entradas. Allí en esos negocios encontrarás tu nicho o al que dedicaras todo tu tiempo una vez dejes tu empleo al dedicarte de lleno a él. Seamos emprendedores inteligentes convirtiéndonos en empresarios exitosos.

Escalón 11

Incubar ideas

"Las ideas son como conejos. Consigues una pareja y aprendes a manejarlos, y muy pronto tendrás una docena." - **John Steinbeck**

En esta fase empiezas a coquetear con las ideas y pensamientos de productos, negocios, empresas etc. Uno de los pasos que no puedes dejar pasar y que tienes que cuidar son esas **ideas** que pasan en tu mente sobre cosas, productos, servicios o como te gustaría que fuera tu vida, tu empresa, tu familia si tuvieras más entradas etc.

Recuerda que estamos hablando aquí de lo que harías en esas horas de empleo que la mayoría no usa, la mente, sus ideas, pensamientos. Algo que nada, nadie, ni sistemas pueden controlar son los pensamientos, la mente, las ideas. Yo personalmente tuve que aprender a usar mi mente mientras se ponían a pelear por cosas que ni me añadían ni quitaban en la vida.

También has el hábito de escribirlas sea lo que sea y cuando puedas léelas y veras que es una buena y productiva forma de encubar grandes y solicitados servicios, productos, sistemas, programas, y en muchos casos será el inicio de una gran empresa o negocio tuyo o en sociedad con alguien más. Nunca escatimes el poder de las ideas para tu vida y futuro como empresario.

Vuélvete en un encubador de ideas en las horas del empleo esto es tan esencial y productivo de esta manera encaminas a tu mente a tu futuro y la realidad te ayuda a ir allá. No olvides que a este punto ya tienes una visión clara, meta clara y fecha clara para retirarte del empleo, o comenzar tu emprendimiento o empresa propia y sacar el potencial en todo lo que has aprendido, aplicado en negocios y ahora llega la hora de realizar cosas más grandes totalmente propias.

Escalón 12

Escoger tu Mercado ¿Dónde vender?

"Primero hay que encontrar el nicho de mercado y luego crear un producto remarcable. No al revés." - Seth Godin

Uno de los pasos en esta escalera que mencionaré en tu lista para empezar Tu Propia Empresa es el mercado que atenderás. Escoge tu mercado inteligentemente esto involucra:

- Producto.
- Edad.
- Sexo.
- Precio.
- Idioma.

Una vez ya tienes todo esto, puedes empezar con Tu Propia Empresa y a crear, luego vender tus productos y para ello, la manera más económica es comenzar con algo online, lo que involucrará una página de internet o lo convencional si estás listo para ello. Si te vas por algo físico puedes empezar desde tu casa o garaje. Pero hazme un favor EMPIEZA con tu propia empresa AHORA ya sea encubando una idea, escribiéndola en grande o hacer algo que la active en este mismo momento.

Así me comporté cuando empecé uno de mis más grande emprendimientos que fue crear mi propia empresa de Desarrollo Personal fui claro en el mercado que deseaba impactar – el mundo latino. Para más específico dije empezando en la metrópoli de Dallas y Fort Worth hacia afuera. Agende establecerme localmente, luego nacional y tan pronto pudiera agende introducir la empresa internacionalmente. Escoge y se específicó en todo.

Escalón 13

Creador de Servicios

"El producto no material, por su parte, se denomina servicio. Por ejemplo: una computadora (ordenador) y un módem son productos; la conexión a Internet es un servicio. A nivel económico y en el ámbito del marketing, se suele entender por servicio a un cúmulo de tareas desarrolladas por una compañía para satisfacer las exigencias de sus clientes. De este modo, el servicio podría presentarse como un bien de carácter no material. Por lo tanto, quienes ofrecen servicios no acostumbran hacer uso de un gran número de materias primas y poseen escasas restricciones físicas. Asimismo, hay que resaltar que su valor más importante es la experiencia. Por otra parte, es necesario destacar que quienes proveen servicios integran el denominado sector terciario de la escala industrial."
– Definición

En este paso de la escalera MMEC tú te vuelves un descubridor de alguna necesidad y creas un servicio que supla esa necesidad. Ejemplos:

- Limpieza de casas.
- Transporte de cosas a otros países.
- Cuidar a gente discapacitada.
- Clases de educación en X área.
- Un servicio de taxi.
- Entrenar a personas a cómo enseñar
- Enseñar a la gente como vender.
- Capacitación a emprender.
- Etc.

No importa el servicio el punto es encontrar la necesidad y suplirla. Yo pude, tu puedes. En mi caso cree los servicios de acuerdo a mi visión y capacidades en seminarios, charlas, eventos, talleres y coaching para empresas, red de mercadeo, grupos y emprendedores. Mi enfoque fue claro y específico. Todos podemos emprender si tan solo salimos de nuestra zona de conformismo. ¡Anímate!

Escalón 14

Creador de Productos

"Del latín productus, se conoce como producto a aquello que ha sido fabricado (es decir, producido). Esta definición del término es bastante amplia y permite que objetos muy diversos se engloben dentro del concepto genérico de producto. De esta manera, una mesa, un libro y una computadora, por ejemplo, son productos."

"El marketing establece que un producto es un objeto que se ofrece en un mercado con la intención de satisfacer aquello que necesita o que desea un consumidor. En este sentido, el producto trasciende su propia condición física e incluye lo que el consumidor percibe en el momento de la compra (atributos simbólicos, psicológicos, etc.)." – Definición

Una gran plataforma para una empresa inicia con Productos. A diferencia del servicio aquí vienen en este paso la capacidad de crear productos. De igual forma que con el servicio aquí se encuentra necesidades y se crean productos físicos o digitales que suplan una necesidad. Productos en el área de:

- Comestibles.
- Internet.
- Educación.
- Higiénicos.
- Libros.
- Videos.
- Nutricionales.
- Construcción.
- Deportes.
- Casa.
- Vestimenta.
- Religiosos.
- Audios.
- Zapatos.
- Bolsos.

- Etc.

- Creatividad

Se debe poseer bastante creatividad para involucrarse en la creación de una empresa y todo empieza con los productos que ofrecerán al público. Si no tienes suficiente creatividad tienes que inspirarla con la lectura de libros sobre productos, liderazgo, organización, empresas etc.

Investigar

Otra de las maneras de crear productos es gustar algo, enfocarse en algo e ir en busca de respuesta a preguntas. Investigar cómo se produjo tal y tal producto y sacar ideas de ellos. Todo lo que tus ojos ven son oportunidades para investigar y aplicar al emprendimiento involucrado.

Ocurre algo tan simple al investigar que le provee a uno la oportunidad de empezar a pensar en cosas nuevas.

Utilizar ideas

Cuando uno lee libros, analiza empresas, productos ya existentes *uno puede y debe utilizar esas ideas para encubar otras nuevas QUE TRAERAN NUEVOS PRODUCTOS.*

COMO emprendedor Inteligente debes saber que siempre en esto o aquel producto hay espacio para aprender, mejorar y superarlo.

Hay una magia al utilizar las ideas ya públicas. Nunca tengas miedo de usar una idea ya existente. Siempre, siempre tendrás la oportunidad de darle el barniz, crecimiento y empaquetamiento totalmente diferente.

Usa las ideas y genio de otros sin miedo e iras por buen camino. Por lo tanto, has una lista de ideas que han surgido en lo que has simplemente visto, oído, tocado, olido, sentido y esas ideas unidas a tu deseo de emprender o traer a la existencia algo nuevo hará que seas un productor de productos innovadores.

Productos de otros

Otra de las formas simples de emprender es con productos ya existentes. Hay productos de personas, mini empresas que necesitan ser promovidos a otro nivel. Allí entras tú. Si sabes que ese producto tiene una gran demanda en X lugar, estado o país por qué no convertirte en la empresa que lo llevará a su expansión.

Esto lo hacen muchas empresas, aun las empresas reconocidas como Wal-Mart, Avon, Blue Wáter, Sony etc. Encuentran productos y los convierten en suyos promoviéndolos a otro nivel.

Productos propios

No hay nada como crear tus propios productos. Aunque lleva más tiempo y tal vez más dinero en mi opinión es uno de las mejores inversiones en tiempo y dinero. Es demasiado bajo el porcentaje de emprendedores que están en esta parte del cuadrante y allí deseo que te asegures que estés.

Cuando tienes tus propios productos todas las ganancias son suyas. Uno hace con ellos lo que quiere, uno tiene el control del precio. El control es totalmente tuyo y haces con ellos lo que bien te parezca. Otro de los puntos es que te permite expandirlos, extenderlos, exprimirlos o sea puedes fácilmente sacar más productos de tus productos, en otras palabras, hacer toda una línea de productos de tus productos originales.

Así fue como creamos nuestros propios productos en libros, cursos, seminarios, audios etc., en:

- Libros de motivación y desarrollo personal.
- Libros sobre liderazgo y organización.
- Libros sobre Vida Espiritual y Religión.
- Libros sobre emprendimiento y finanzas.
- Línea de Ropa MMEC Educando:
- Playeras, sudaderas con frases MMEC.
- Gorras con frases MMEC.
- Misceláneos
- Vasos con frases MMEC
- Lectores MP3 / USB versión MMEC.
- Radio en línea:
- Radio MMEC promoviendo educación, inspiración y emprendimiento.
- Servicio de anuncios MMEC para emprendedores.

Los productos propios, con buen mercado y demanda son el

verdadero camino a vivir una vida empresarial exitosa y total libertad financiera. Leete nuestro libro Pasos a Tu Libertad Financiera en www.miguelmartin.info

Escalón 15

Creador de Sistemas

"Un sistema es un conjunto de elementos relacionados entre sí y que funcionan como un todo. Procede del latín systēma, y este del griego σύστημα (systema, identificado en español como 'unión de cosas de manera organizada')." – Significado. com

En este paso en la escalera MMEC aprendes la importancia de no sólo suplir necesidades por medio de servicios o productos, sino que ahora sabes que no puedes pasarte toda la vida **creando o cuidando productos o servicios.** Es como en la vida y el engendrar hijos, solo hay un periodo por naturaleza para procrear, pero no se puede, aunque quieras hacerlo toda la vida.

Es en esta etapa de emprendimiento que nace la urgencia a que creas sistemas. Si crear sistemas que permite que hagas una sola vez algo y el sistema cuida y sostiene el negocio.

Genios son los que logran esta capacidad y realización. Aunque esto requiere más estudio, experiencia y audacia no es imposible. No importa a que te dedicas MMEC te dice y por eso estamos aquí para decirte **que todo puede volverse un sistema** si eres lo suficiente inteligente y creativo.

La real academia española dice que sistema es: "Conjunto de reglas o principios sobre una materia racionalmente enlazados entre sí." "Conjunto de cosas que relacionadas entre sí ordenadamente contribuyen a determinado objeto."

Creando sistemas de ayuda, de asistencia tú generas una maquinita de dinero para tu empresa. Si no me entiendes pregúntale a Windows, a las autopistas con ese sistema de peaje que tienen. Pregúntale al gobierno con esos famosos tickets / infracciones. Mira el sistema de luz y agua especialmente el cómo nos cobra cada mes. Otro buen ejemplo es el sistema moderno de Nextflix para ver películas con cobro mensual. Etc. Etc. Etc.

Te proveo algunos ejemplos de lo que podrías convertir en

sistemas.

Educación. Educas una vez y creas maestros que lo seguirán haciendo con el sistema establecido sin que tú estés presente.

Limpieza de casas – formulas tu información, registras tu sistema o forma de hacer la limpieza, educas a otras personas a realizar lo mismo e igual forma y activas un sistema de limpieza.

Restaurantes lo permiten súper bien. Asegura tu menú, modelo - sistema, lo que venderán, ropa, filosofía y listo allí está un sistema. Si no me entiendes pregúntale a Starbucks.

Funerales. Lo mismo que hagas en establecimiento lo repites en el siguiente. Ese es un sistema que puedes repetir una y otra vez o vender franquicias - sistemas.

Cursos de cualquier índole. Los haces una vez y se venden una y otra vez.

Una idea buena y rentable. La dices una y otra vez en cualquiera de tus plataformas y siempre te generará dinero. Si no me crees pregúntale a Robert Kiyosaki con El Concepto de "Padre Rico Padre Pobre"

Tienda de Prestamos estableces el sistema del préstamo, cobro de interés y listo allí está un sistema. Para que comprendas mejor ve al banco y analiza sus sistemas. El sistema para colectar el dinero de la gente – Cuenta de banco. El sistema de préstamo. El sistema de cobro por una mensualidad y otros servicios etc.

Los Car Wash o lavada de carros – el sistema podría ser la forma en que lo realizaras con personas o maquinas. Todo el proceso es un sistema. Tú no tienes que estar, pero tu sistema lo hace todo.

Sé que te he dado suficientes ideas ahora tienes que Pensar, Proponer y Activar tus sistemas piensa, piensa, analiza, estudia, investiga, costos, necesitados, clientes, mercado, etc., y veras que es demasiado posible todo tienes que animarte y estudiar selectivamente el tema y un día me lo estarás agradeciendo.

Créeme los sistemas pueden llevarte más tiempo que crear servicios, productos pero una vez los tengas son mejores que los servicios y productos pues esos sistemas te darán entradas a ti, a tus hijos, a tus nietos y biznietos etc.

Escalón 16

Un plan de Empresa

"Recuerdo cuando le decía a mi mentor, "si ganara más dinero, podría tener un mejor plan de retiro. Él rápidamente me respondió, "le sugeriría que tuviera un mejor plan y así podría tener más dinero". Como ve, no es la cantidad la que cuenta; lo que cuenta es el plan". - Jim Rohn

Ya encaminado a una vida empresarial ahora lo que necesitas comenzar a escribir es un plan de empresa.

Esto involucra tener en cuenta el tipo de negocio, si es rentable o no. Podrás tener una buena idea, pero si ya hay muchos con ese negocio como estará la competencia, región, o saber cuánto vas a tener que ganar para que esa idea de negocio sea rentable. Si no, ni lo comiences.

Los planes de empresa son difíciles, es cierto, pero de eso se trata quieres una vida diferente, necesita actuar y vivir diferente y eso involucra tu economía. Por lo tanto, a realizar todo lo que involucre hacer un plan de empresa para que tu futuro como empresario sea brillante y prospere.

Mi plan tu plan debería involucrar pero no limitado:

- Tipo de empresa.
- Producto, sistema o servicio.
- Empleados o no empleados.
- Salarios.
- Oficina u oficinas.
- Transporte.
- Coreo normal.
- Fondos.
- Nombre de empresa.
- Marca.
- Legalidades.
- Socios o no socios.
- Políticas.

- Mercado.
- Márquetin, publicidad.
- Contaduría.
- Etc.

Queremos entrar a estos puntos ya convencidos y educados como mentalidad empresarial y no la de un empleado. La razón porque muchos fracasan cuando emprenden es que muchas veces tienen todo pero no poseen la mentalidad empresarial.

Un plan es necesario y debe empezar tan pronto lo comprendas que en el camino se arregla. Conforme vas aprendiendo vas alterando el plan y de esta manera tarde o temprano lo empezarás. Nunca empieces una empresa sin Un Plan de Empresa.

Escalón 17

Tipo de Empresa

"Lejos a la luz del sol, son mis más altas aspiraciones. Puedo no llegar a ellos, pero puedo mirar para arriba y ver su belleza, ellos creen, y tratar de seguir a donde los lleven. "- Louise May Alcott

Mientras estas empleado o involucrado en negocios empieza a considerar que tipo de empresa te gustaría tener. Existen las siguientes posibilidades y tú tienes que escoger una de ellas o todas.

- Empresa física.
- Empresa en línea / electrónica.
- Empresa local en tu ciudad.
- Empresa estatal.
- Empresa nacional.
- Empresa regional.
- Empresa Internacional.

Todo esto debe tomarse en cuenta pues tendrás que escoger una de ellas. Todo dependerá de tu objetivo y producto, servicio o sistema y tu capacidad de organizarte, fondos y medios que tengas.

Realmente esto está muy relacionado a tu visión, meta y potencial. Toma muy en serio esto porque este es el camino de los empresarios. NO SOLO ES, 'ME VOY DE ESTE EMPLEO, EMPRENDERE Y COMENZARE MI EMPRESA.' Eso sólo lo dice y hace un ignorante del mundo empresarial. Los inteligentes caminan con un plan.

Escalón 18

Encontrar 'tu producto' Primordial

"Creo tanto en la excelencia, que me he dado cuenta, que el mercado siempre te premia. Yo siempre digo, que hay que tener un nicho de mercado muy pequeño, pero en él, ser el mejor del mundo." - Anxo Pérez

Ahora tienes que buscar el producto, sistema, servicio PRIMORDIAL para tu empresa. Enfócate y dedica tiempo para pensar, si analizar y escoger hasta que tu mente empiece a sugerirte qué producto podrías utilizar como tu lanza y así traer al mercado. Al principio será dificultoso pero conforme vallas haciendo el ejercicio de pensar y escribir las ideas surgirán y podrás escribir un montón de ideas como producto principal. Hazlo, piensa y escribe que allí está tu producto con el que siempre podrás avanzar.

También no sólo puedes hacer un producto sino mejorar uno ya existente. Como traerlo mejor al público. Usa creatividad y mejora cosas que ya existen. Muchas cosas o servicios son muy rentables solo al mejorarlas y allí hay muchas ideas y empresas escondidas. Tu deber encontrarlas y sacarlas.

Algo muy importante es no crear un montón sino uno principal y unos cuantos más productos relacionados. Por experiencia te recomiendo de 1- 3 si muchos 5 buenos y grandes productos. Cuando uno es creativo tiende a dispersarse y tanto hacemos diamantes y castillos. Enfócate y escoge tu futuro.

Todo bien, pero si realmente quieres vivir de tu arte, concéntrate. Especialízate en unos pocos productos, desarróllalos, intenta que sean originales, diferentes y novedosos o como ya dije mejora los ya existentes de otros y ponte a probar y probar hasta que tengas el producto perfecto tuyo, perfecto en el concepto de lograr poseer lo que tu traerás al mercado como tu lanza de guerra. Asegúrate que ese o esos productos den entradas económicas y más entradas de otra manera solo estás perdiendo tu tiempo.

Mantengamos el fin en mente, siempre considerar todo. Recuerda que buscas emprender, suplir alguna necesidad, agregar valor, hacer felices a las personas sin embargo parte de la ecuación es tener eso que va a vender, que va a ser rentable y pedido por tus clientes.

Escalón 19

Precios

En tu producto es necesario tomar en cuenta los gastos para crear precios. Es obvio que para crear productos se necesita material, y que éste no es gratis, así que lo principal es pensar bien qué es lo que quieres vender y no crear 1,000 productos diferentes, sino especializarte en unos pocos y totalmente rentables.

Dedica tiempo en esto, mucho tiempo. Pregunta, averigua, investiga, estudia léete todo lo relacionado pues esto te ahorrará mucho dinero, como hacer mucho dinero. Cosas para tomar en cuenta en los precios:

- Lugar.
- Material.
- Calidad.
- Cantidad.
- Volumen.
- Color.

- Envío.
- Empleados.
- Mensualidad de oficina o bodega.
- Luz.
- Gas.
- Etc.

Escalón 20

Crear Tu Propia Marca

Una vez sabes que es lo que tienes y vas a vender, necesitas crear una marca para tus productos. Un logo, un nombre oficial con el que estén conectados todos tus productos, sistemas, servicios, programas etc. Es decir, necesitas que la gente quiera comprarlo como marca. No es lo mismo comprar papel de baño que comprar "Charmin". Cualquier pasta de dientes que adquirir Colgate.

Al crear Tu Marca para ello debes permitir amor a primera vista para el cliente por medio de tu producto. Esto involucra:

- Imagen
- Calidad
- Diseñado.
- Un logo
- Dirección.
- Página de internet.
- Tipo de tienda.
- Servicio al cliente
- Etc.

Así que, si te decides por un profesional para crear Tu Marca, busca las mejores tarifas. Además de una imagen corporativa necesitas nociones básicas de fotografía para sacarle el mayor provecho a tus productos.

Fíjate en qué estilo encaja tu producto y busca referencias y tendencias. Se vale estudiar otros productos similares para ver lo que ellos ya tienen hecho y de allí saldrán otras ideas, imágenes, marca o marcas más originales de tu empresa.

En mi vida he intentado, poseído y crecidos negocios aquí y allá. He promovido con ahínco, valor, energías la marca de otro y en su momento lo hice con todo lo que soy hasta que descubrí el valor de la mía propia. No me he sentido tan bien y realizado al entender el poder que tiene la marca, tu marca, mi marca pues ella no solo existe en el momento que emprendes y vives sino que en ella dejas un legado. La mía es **MMEC** – Miguel Martin Education Center. 'Educando Lideres. Despertando Conciencias. Creando Futuros.' ¿Cuál va a ser tu marca?

Escalón 21

Crea TU PROPIA Empresa

"Definición de empresa. Una empresa es una unidad económico-social, integrada por elementos humanos, materiales y técnicos, que tiene el objetivo de obtener utilidades a través de su participación en el mercado de bienes y servicios. Para esto, hace uso de los factores productivos (trabajo, tierra y capital)." – Definición.com

Así llegamos al paso más importante de esta escalera de MMEC, una vez hayas experimentado todos o la mayoría de los pasos expuestos aquí es **hasta entonces** que puedes considerar Tu Propia EMPRESA. De otra manera serás de la lista de las estadísticas del grupo de gente que intenta emprender y a los pocos años se cansan y fracasan. Viven como chapulines en los negocios, pero nunca se establecen como empresarios con su propia empresa.

EMPEZAR y tener tu propia empresa te lleva a otro nivel de vida y experiencia. ¿Hay retos? Claro que los hay y porque no tenerlos si en la aventura y retos esta la vida. En la acción esta la vida del más gozar, del más ser, del más tener, del más disfrutar. En lo nuevo está LA VIDA.

El Emprendedor inteligente - Comienza tu propia empresa -

En cada paso MMEC A TU PROPIA EMPRESA es un mundo de por sí mismo. Esto requiere inteligencia, valor, conocimiento y aventura. Aquí es donde se requiere todo de ti. Todo es invertido ya que en este espacio de vida entras con todos tus poderes al mundo del emprendimiento que te permita ser TU MISMO Y EL PODER DE SER ORGANICO en todo y por todo.

Cuando decidí empezar mi propia empresa estaba endeudado, empleado y había experimentado varios negocios sin resultados de libertad financiera. Además, no tenía nada de experiencia en tener una empresa. Todo estaba en mi contra probabilidades, oportunidades y los que hasta ese entonces conocía desafiaban mi intención. A pesar de ello considere varias opciones para tener una empresa y estas eran:

- Una empresa orgánica.
- Extender una empresa propia como rama de otra.
- Comprar una ya existente y modificarla.

En mi caso no tenía varias opciones ya que no contaba con el dinero y creyente de ser orgánico me puse en busca de algo económicamente viable, prometedor y que estuviese dentro de mi visión de vida – 'servir a la humanidad.' Me fui por la primera opción, una **empresa orgánica**. Así surgió MMEC Miguel Martin Education Center.

Una empresa orgánica significa un par de cosas. Tu propia idea, empezar todo de 0, sin deudas. Tú mismo ser el creador de ella y resultados de ella misma para financiarla. Aplique todos los principios y consejos de este libro y debido que ella crece y se expande gracias a eso hoy puedo traerte este libro con autoridad y confianza de que tú también puedes realizarlo.

¿Listo para empezar tu propia empresa? ¿Qué modelo escogerás? ¿Para qué tipo de empresa estás listo?

Escalón 22

Ten en cuenta los aspectos legales.

Parte integral de todo lo mencionado es informarte bien y asegurarte que cumples con todo lo legal para tu empresa como la registración, el nombre, logo, marca etc. El IVA o taxes que cobrarán si así lo requiere el producto que venderás. Todo lo legal para tu emprendimiento antes y durante debes ser el primero en saberlo.

Como ves, imposible no es, sin miedo empieza tu empresa, producto, servicio, producto, vende para probar tu mercado y en su momento pon en moción la legalización a menos que estés bien claro de lo que harás DESDE EL PRINCIPIO. Te tienes que legalizar, pero puedes vender unos meses probando a ver si la idea funciona y arranca o si por el contrario, tu proyecto se diluye en este océano de saturación infinita pero no imposible.

Por eso es importante que te lo tomes en serio muy EN SERIO desde el primer instante en el que vas a probar la vida empresarial. TODO ESTO REQUIERE INTELIGENCIA, la verdad no es asunto de dinero, oportunidad, suerte, país sino el que hagas todo INTELIGENTEMENTE. TODO ESTO ES IMPOSIBLE SINO ERES *UN EMPRENDERDOR INTELIGENTE.*

ES DE ESTA MANERA QUE SE escriba la historia en tu vida la creencia de MMEC "Adiós Empleo, Hola Empresa". Bienvenido al mundo empresarial. Te digo de corazón si tienes este libro en mano es porque tienes el espíritu, capacidad y poder de Emprendedor Inteligente. Empieza una nueva vida este es el momento de la verdad. Activa algo de todo este libro y te encaminarás a tu libertad total.

Escalón 23

Entiende que tiene un Proceso

"Todos los grandes logros requieren tiempo." – Maya Angelou

Emprendedor Inteligente debes entender y aplicar la importancia del proceso. Si amigos aquí es donde colisionan muchos. No hay dinero fácil para la gente que desea tener riquezas para siempre.

No hay negocios de la noche a la mañana. Crear productos, sistemas, servicios y empresas lleva tiempo y mucha dedicación. Por lo tanto, si deseamos tener éxito en esto necesitamos empezar ya y someternos a un proceso que requiere mucha inteligencia, aplicación, corrección y gran dosis de PACIENCIA.

Todo lo que involucra aprender, desaprender, leer, investigar o preguntar para llegar a ser empresarios exitosos requerirá tiempo. Todo tiene un proceso y debes de comprender que ese proceso lleva meses, años. Por eso la visión, meta debe ir conectado a una fecha y hace claro el proceso que llevará para lograr tu objetivo.

Cree, establece y usa el proceso para crecer y fortalecerse, ahorrar conocimiento y dinero para tu emprendimiento. NO te arrepentirás. PROCESO para despertar conciencia, PROCESO para usar tus facultades. PROCESO PARA educarte. PROCESO para emprender. PROCESO para activar negocios. PROCESO para empezar tu propia empresa. PROCESO PARA VER A TU EMPRESA CRECER. Sin proceso no hay avances y no hay empresa.

"La construcción es siempre la base del proceso de formalización mediante el cual se obtienen formas puras y a menudo vacías de contenido. (...) La base de todo proceso de formalización siempre es la construcción, las formas obtenidas se van purificando con el paso del tiempo y al aparecer nuevos materiales de construcción se trasladan a éstos, a menudo perdiendo contenido." - Ernst Neufert

Después de subir esta escalera EL ÉXITO ES FÁCIL "La gente a menudo me pregunta cómo llegué a ser exitoso en un período de seis años mientras que muchos de los que conocí no lo fueron. La respuesta es simple: Las cosas que encontré fáciles de hacer, ellos encontraron fácil no hacerlas. Yo encontré fácil fijar metas que podían cambiar mi vida. Para ellos fue fácil no hacerlo. Para mí fue fácil leer libros que podían influenciar mis pensamientos y mis ideas. Para ellos fue fácil no hacerlo. Para mí fue fácil ir a clases y seminarios, y rodearme de personas exitosas. Ellos dijeron que probablemente eso no era importante. Si hago un resumen, diría que lo que encontré fácil de hacer, ellos decidieron no hacerlo. Seis años después soy millonario, y ellos todavía están culpando a la economía, al gobierno y las políticas de la compañía, cuando lo que pasó fue que olvidaron hacer lo básico, las cosas fáciles". - Jim Rohn (Extraído del seminario "Desafiando el éxito")

Si tienes aun un empleo escribe tu plan para dejar el empleo como emprendedor:

_____
_____
_____
_____
_____
_____
_____

¿Qué concepto de este capítulo te ha impactado más?

_____
_____
_____
_____
_____
_____

¿Cuál será tu fecha para dedicarte a tu visión y deseo de vida?

Día_____   Mes_____   Año

_____

¿Cuál es tu visión como emprendedor?

_____
_____

_____
_____
_____
_____

¿Cuáles serán tus herramientas para llegar a tu meta?

_____
_____
_____
_____
_____

_____

¿Cuántas horas al día dedicarás para investigar, estudiar, educarte y preguntar para conocer bien el negocio que deseas activar?

_____
_____
_____
_____
_____
_____
_____

_____

¿Cuántos negocios activarás?

_____
_____

¿Qué negocios activarás?

_____

¿Cómo se llamará tu empresa?

_____
_____
_____
_____

¿Crees que puedes? Si ____ NO_____ Tal vez_____
Necesito más tiempo para pensar_____

"Para cualquier emprendedor: si quieres hacerlo, hazlo ahora. Si no lo haces te vas a arrepentir" - Catherine Cook, cofundadora de My Yearbook.

9

Atento a los Enemigos del Emprendedor

Tu Mente

"Tu peor enemigo no te puede dañar tanto como tus propios pensamientos. Ni tu padre, ni tu madre, ni tu amigo más querido, te pueden ayudar tanto como tu propia mente disciplinada" - Buda

Aunque irónico uno de los primeros enemigos como emprendedor debes reconocer lo más pronto es tu propia mente, y está en los pensamientos. Si no tienes cuidado un solo pensamiento negativo puede congelar toda tu empresa, toda decisión correcta. La mente tiene el potencial de ser asustada por el miedo de lo nuevo claro si tú lo permites. Por eso es importante que tú estés consciente y educado para enfrentar esos pensamientos negativos.

Cuando agende abrir una radio por internet como extensión de mi empresa después de varios emprendimientos mi peor enemigo fue mi propia mente. La mente me dijo: "No tienes experiencias de radio." "NO tienes dinero para ello" "Nadie te escuchara, tu eres un conferenciante y escritor, no locutor." "No tienes el equipo" "No tienes material para 24 horas" La mente siguió hablando, bla, bla, bla pero la deje hablando y lance la www.radiommec.com con un toque único – Despertar Conciencia, motivar, educar, inspirar a nuestra gente latina.

También lo que uno ve influye y la mente lo digiere y reacciona a ello dictando un sin número de reveses en las emociones, pensamientos y acciones. Por ejemplo las noticias casi siempre son desanimadas y cuando se trata de dinero solo la elite privada conoce la realidad y por lo tanto todo lo que se dice sobre el dinero, la bolsa de valores y otras cosas relacionadas están bien organizadas para causar temor, hacer que los clientes o personas hagan o no esto o aquello. Una mente no informada es una catástrofe. Los temores de la mayoría son implantadas con anterioridad a querer ser libre y próspero.

Hay que dominar bien la mente para que nuestra psicología sea la correcta y pueda guiar nuestros pensamientos en esos momentos cruciales en la vida. Un solo pensamiento negativo echa a perder el negocio, la idea, el proyecto o la misión. Debemos ser proactivos en todo y así triunfar aun sobre los enemigos más íntimos en esos pensamientos malignos y desaprobados para todo emprendedor de éxito.

Un sistema de alarma debe ser establecido para reconocer mucho antes de que florezcan esos malos pensamientos. Enemigo vivo será tu desgracia siempre, prepárate para matar cualquier pensamiento negativo con uno positivo, con acción masiva en lo correcto.

Tus Emociones

"Algunos encuentran el silencio insoportable porque tienen demasiado ruido dentro de ellos mismos." - Robert Fripp.

Otros de los enemigos grandes de los emprendedores son las emociones, hay emociones buenas y malas. Las malas emociones son las delicadas y fáciles de enredarnos y desviarnos del cometido. Las emociones son formadas por los pensamientos que tenemos o lo que interpretamos que nos sucede en la vida. Pero, aunque los pensamientos son los principales autores de las emociones hay otros factores que influencian en la creación de ellos y de los cuales debemos cuidarnos.

Las emociones propias que he tenido que enfrentar son el miedo, el pasado, el fracaso los que he asesinado con acciones masivas. Mis empresas y negocios me senté sobre esas emociones al registrarlas. Mis libros al publicarlos. Mi esposa al pedirle que se casara conmigo. Si no haces algo más que sentir emociones negativas nunca horas nada y todo por someterte a tus propias emociones negativas.

En muchas personas el clima es un factor que afecta sus emociones y una vez el clima sea el incorrecto para ellos todo estará mal, la vida es mala, nadie le entiende etc. Otros siempre están atentos a lo que la gente dice y por lo tanto si son críticas negativas estas tienen una influencia increíble en los humanos mal educados y sensibles que tienen el poder de tumbar los sueños de millares. La verdad es que aunque sencillo el cómo evitar estos enemigos millares fracasan por propia elección. Conócete a ti mismo para administrar las emociones.

Amigos

"Lo malo del amigo es que nos dice las cosas desagradables a la cara; el enemigo las dice a nuestras espaldas y como no nos enteramos, nada ocurre." -Alfred de Musset

Otro de los medios que los emprendedores son desanimados son los mismos amigos de quienes menos se sospecha. Los amigos tienen la capacidad de influenciar de una manera increíble ya que ellos sin pensar muchas veces son tomados mucho encuentra y sin filtrar sus comentarios, consejos o palabras en unas cuantas bromas llegan a donde muy pocos pueden detener o detectar a tiempo.

En mi caso la mayoría de mis amigos más cercanos fueron los más negativos a que emprendiera. Fueron claros que fracasaría y que lo mejor para mí era estar empleado. Se aseguraron de contarme historia tras historia de personas que habían fracasado y que eso me esperaría si no escuchaba a la gente que me apreciaba. Gracias a Dios que no les hice caso emprendí sin amigos y les he demostrado que todo es posible si de verdad lo quieres tener. También hice otra cosa, le dije adiós a esos amigos no los necesito para mi presente y futuro. Nueva vida nuevos amigos. Soy emprendedor y mis amigos hoy son empresarios, gente que vive sus deseos y metas.

Aunque sean amigos en muchas ocasiones se vuelven enemigos porque cuando te ven avanzar y crecer empiezan con el demonio del egoísmo y se manifiesta con sus historias de fracasos, "ten cuidado, no te metas en eso, es peligro, las leyes hay que estudiarlas más, muchos lo han intentado y han fracasado." Cuando ellos solo ven, intentan y hablan de mucho cuidado, tú vas con los clientes a cerrar negocios. Los amigos que en tus oportunidades solo hablan de fracaso y chasco son enemigos.

Familiares

Los que se enlistan en la lista de la gente que se vuelven enemigos de sueños, visiones, misiones, metas son los familiares y claro aquellos que solo han fracasado estos no tienen solo egoísmo sino odio al ver a los demás intentar y más triunfar en lo que ellos solo intentaron. Tienes que abrir tu sistema de filtración para detectar a todos los que son enemigos de sueños y objetivos de vida.

Los familiares, aunque muy cercanos por la esposa, esposo o por la sangre que se comparte son muy peligrosos y poderosos en decir lo que pocos saben sobreponerse en su carrera de emprendedor. Lo que estoy diciendo es que cuando se trata de seguir tus sueños y visión de vida tienes que cuidarte y alejarte de cualquier familiar con un espíritu negativo.

Por sus razones personales mi propio padre fue el familiar que se opuso a mi emprendimiento. Recuerdo cuando le dije que deseaba viajar a Estados Unidos simplemente me dijo 'no tienes mi permiso.' En ese mismo instante con mucho respeto me revele a mi padre y le dije "pues bien yo me voy con o sin su ayuda. Si le hubiera hecho caso a mi padre ese día hoy día no existiera MMEC – Miguel Martin Education Center ni ninguno de nuestros productos, servicios, sistemas con lo que hemos inspirado, educado, motivado a nuestra gente desde Los Ángeles California a Madrid España. Desde Phoenix Arizona a CDMX México. De Guatemala, Guatemala a Manila Las Filipinas. New York a Bucarest Romania y mucho, mucho más. Aclaro después de triunfar mi padre se disculpó conmigo y me apoyo en sus últimos años de vida.

Lo más duro y doloroso es tener a tu lado esposa o esposo que no tenga las mismas aspiraciones que tu. Prepárate a cuidar lo que crees de otra manera buscaran a toda costa destruir tu sueño y si no te cuidas puedes quedar paralitico en tu deseo de vida. Mantente firme y claro sin involucrar emociones hasta que logres tus metas de vida.

Personas

También están las **personas en general** que nacieron para probar tu paciencia, emprendimiento, deseo, misión, vision y razón de existencia debes claramente entender que pueden surgir de **entre tu** familia, amistades, de tu religión o comunidad. Hoy día en tan crecientes redes sociales siempre habrá personas que dirán pestes de tus sueños compartidos en público y no descansarán hasta difamar tu mensaje, producto, servicio o empresa. Esto es parte de la vida. Hay negro y blanco. Día y noche existe de todo.

Allí tienes a Alberto Aguilera Valadez las personas que le rodeaban y en quienes busco apoyo y ayuda lo trataron de desanimar y aun le dijeron que el no cantaría. Te imaginas si hubiera escuchado a esos enemigos ¿hubiera existido el gran Juan Gabriel? Cuando emprendas y estas seguro de lo que deseas hacer cierra tus oídos a gente negativa, celosa, envidiosa y ve por lo tuyo y has historia.

Algo que aprendí de los seres humanos es que si no están ocupados y usando su potencial se llenan de envidia y celos y cuando te ven avanzar, más aún triunfar se endemonian y dicen cosas que ni ellos creen pero que al final saben que es su manera de desearte el fracaso a otros.

El mensaje para ti emprendedor es 'no le hagas caso' ya que solo existen para que tú puedas demostrar que estas hecho de suficiente resistencia, poder, y capacidad hasta lograr tus metas. Entre esto se hace reputación, fama e imagen.

"¡Cómo! ¿Nada de crítica? No. El genio es una entidad como la naturaleza, y quiere, como ésta, ser aceptado pura y simplemente. Una montaña se toma o se deja. ¡Hay gente que hace la crítica del Himalaya piedra por piedra! Todo en el genio tiene su razón de ser. Es porque es. Su nombre es el reverso de su luz. Su fuego es una consecuencia de su llama. Su precipicio es la condición de su altura." - Victor Hugo

Falta de dinero

"No Tengo.' Son las dos palabras que han llevado a la tumba tanto potencial." – Miguel Martin

Otro de los grandes enemigos está en **un concepto y es el que dice que tienes que tener dinero para realizar algo.** Si hoy no entiendes que tú puedes empezar tus sueños, planes, aventuras, pasos, proyectos sin dinero entonces la verdad es que tienes poco futuro. Una vez despiertes a que la posesión de dinero no hace todo en la vida estarás listo para ir y triunfar.

El dinero es necesario y puede mucho pero el verdadero emprendedor no piensa así, sabe que él tiene la capacidad de empezar algo sin dinero. Sabe que mientras el use El Código de Toda Posibilidad, que es usar su mente, su capacidad, su potencial, utilizar lo que ya tiene y controla entonces lo demás es posible. Puede leerte el libro bajo el mismo nombre en www. miguelmartin.info

Para ser un buen emprendedor y tener éxito debes aprender y establecer en tu mente que el dinero no es el motor que hará realidad tu visión. Esta es la razón porque muchas personas empiezan un negocio, producto o servicio y fracasan desde que empezaron porque todo era dinero, más dinero y lo único que encontraron fue desanimo, fracaso y su visión se apagó así como iniciaron su aventura. Nuestra gente está equivocada en que uno tiene que tener dinero para iniciar y poner en moción algún sueño.

Los emprendedores de éxito empezaron sin dinero y pusieron en moción lo que pensaron, usaron su poder mental y una vez hecho eso las puertas se abrieron, aparecieron personas, su equipo y el dinero también llegó para realizar lo que necesita para avanzar o realizar con dinero pero es una de las ultimas cosas que buscaron para hacer lo que querían hacer.

Desconéctate del concepto de hacer todo con dinero y veras que tendrás otro mundo a tu favor y oportunidades de extraordinarios resultados caminando a tu lado.

Ingvar Kamprad el fundador de IKEA inició su empresa a los 17 años, sin dinero, pero usando lo que tenía y eso era dedicándose en sus principios a la venda de pequeños artículos como cajas de cerillas que entregaba a domicilio con su bicicleta. Allí nació la idea del negocio que más tarde podía explotar con los muebles. Cinco años más tarde empezó a vender muebles y en 1951 edita su primer catálogo. Su éxito fue tal que el gremio de vendedores de muebles en Suecia presionó a los fabricantes para que no le suministraran productos, por lo que Kamprad decidió empezar a diseñar y fabricar él mismo sus propios productos.

En mi opinión vivimos en el mejor de los tiempos donde lo que da el poder no es el dinero sino el conocimiento, una visión bien establecida, una misión puesta en moción y poseer la mejor de las actitudes mentales, emocionales, espirituales y físicas. El dinero debe dejar de ser el primer pensamiento en los emprendedores y jamás es el motor para iniciar una carrera, visión, meta, negocio u producto. Para los emprendedores exitosos siempre hay mil formas de poner en moción el deseo de la vida.

Falta de Educación

"La falta de educación convencional jamás es excusa para que seas una persona educada." – Miguel Martin

Otro de los enemigos peligrosos y muy sutiles es el concepto diabólico que 'no estoy educado, no fui a la escuela, no soy universitario.' Que bien para los que fueron y son profesionales pero tampoco tener títulos o certificados nos impide tener la oportunidad de ser exitosos y realizar algún negocio en la vida.

En este país Estados Unidos me llevó años pero aprendí que aquí es el país de las oportunidades aquí no importa si tienes o no educación. Aquí los que triunfan son los trabajadores educados por profesión o no. Quienes se mueven y están dispuestos a realizar las tareas más detestables, hacer aquello que la mayoría quisiera que lo hiciera Jorge y no el mismo son las personas que crecen y llegan a posiciones envídiales.

Conocías a Milton Hershey: Sólo llegó a cursar el cuarto grado, pero hasta el día de hoy tiene uno de los imperios de chocolate más grande del mundo, convirtiéndose así en la primera empresa nacional de chocolate en los Estados Unidos.

En todo el país se puede confirmar que los dueños de los negocios hispanos son en su mayoría ilegales, no profesionales y personas que emprendieron sin dinero, pero si con el Código de toda Posibilidad, la mente.

Usaron lo que tenían y pusieron a trabajar lo que si ya sabían. Un sin número de veces he visto que los jefes aquí son muchas veces no los que tienen escuela sino el considerado inculto en términos de educación profesional.

Sin embargo esto no quiere decir que los que han triunfado son personas incultas no para nada lo que ocurre es que son personas educadas pero para su educación no dependieron de las escuelas o universidades sino aprendieron lo que necesitaban aprender, fueron autodidactas y no le tuvieron miedo al emprendimiento.

La verdad es que nos guste o no las mentes cultas y educadas por los sistemas ya están bloqueadas a pensar de una manera u otra y no tienen espacio para algo nuevo, algo que no incluya sus estudios y por lo tanto si tienen trabajos pero son aquellos que los verá morir sin más que un trabajo. Por el otro lado los que no se llenaron de conceptos y educación del sistema no tienen nada que perder si intentan esto o aquello. Estas personas tienen un campo dispuesto a recibir cualquier tipo de semilla para dar su fruto a su tiempo. No tienen miedo y están llenos de valor y se aventuran para ver como triunfan y al final son reconocidos y respetados por los educados del sistema.

Los 7 Miedos

"Sólo una cosa vuelve un sueño imposible: el miedo a fracasar." - Paulo Coelho

Aquí tienes los siete (7) miedos del emprendedor y cómo superarlos. Estos pensamientos comunes podrían estar deteniendo tu trayectoria hacia el éxito o lo harán si no los descubres antes de tiempo para dominarlos o vencerlos. ¡Deshazte de ellos! Es el mensaje en este capítulo.

¿Miedo al fracaso? ¿Miedo al intento? ¿Miedo al emprendimiento? ¿Miedo que es miedo? ¿Es la gran pregunta, pero la respuesta, aunque obvia no aceptada por muchos es no, no tenerle miedo al fracaso tal y como vimos en un capitulo anterior? Existen muchos miedos, excusas que nos atajan de conseguir lo que queremos como emprendedores. Sin embargo sepamos que tanto el éxito como el fracaso son una elección nuestra y de nadie más.

Algunos expresan sus miedos como los que siguen o sin duda se relacionan con ellos. "Soy joven y nunca he tenido un empleo significativo, ¿por qué alguien me contrataría sin tener experiencia?" "Todavía no tengo título." Como emprender si todavía duermo en el sillón de mis papas" Lo aceptes o no siempre habrá este tipo de pensamientos negativos o inquisitivos en uno mismo que intentarán detenernos.

Por lo tanto, depende de ti si les prestas atención o si los superas y triunfas sin importar qué se interponga en tu camino.

¿Y qué es lo que te está deteniendo? Éstos son los siete miedos más comunes que los emprendedores enfrentan. Proveeremos también algunos consejos de cómo superarlos.

Miedo 1. Me apoya el universo/Dios: este miedo nace del pensamiento 'solo no puedo' intentar este sueño, meta, proyecto o negocio. Entonces nos preguntamos si contamos con la aprobación de Dios. El apoyo del universo es importante y bien hacemos de preguntarnos si Dios está con nosotros.

La manera en que se mata este miedo es haciendo bien las cosas. Si lo que estamos por iniciar es para beneficio de la humanidad, si la sociedad, gente obtendrán gran beneficio de tal proyecto entonces nada hay que temer. La ley es que todo lo que beneficie a nuestro mundo, iglesia, hogar, persona jamás puede impedir el apoyo del universo.

Este principio es lo que ha permitido el éxito, el logro, y objetivos en la medicina, tecnología, productos comerciales, libros, música, servicios en nuestro mundo. Lo único que es permanente y exitoso es aquello que viene a bendecir al hombre. Sea lo que sea si tiene el objetivo de ayudar, servir, beneficiar a la humanidad lleva la aprobación y apoyo del universo.

Miedo 2. Nadie cree en mí: este sentimiento y conocimiento es cierto hasta que tú lo permitas. En otras palabras quienes piensan así es lo que tienen. La desconfianza tiene su fundamento en uno mismo y está en la mente. Nadie creerá en ti si tú no crees en ti mismo. Una vez uno establezca confianza en uno lo demás viene solo.

Miedo 3. Necesito un producto. Pensar que necesitas tener el producto perfecto terminado no es necesario ya que los verdaderos productos o servicios se han vendido antes de tenerlo. Podemos pre-vender algo para ver cuántas personas están dispuestas a comprarlo en lugar de gastar meses y años en perfeccionar algo que no es atractivo para nadie. No necesitas tener un producto antes de venderlo.

Miedo 4. Ser absolutamente perfecto. ¡Necesito el servicio, producto perfecto! Se ha dicho muchas veces. Sí, es importante hacer las cosas grandiosas y puedes hacer esto mejorando con el tiempo, pero bueno y rentable es mejor que perfecto y jamás hecho.

Como emprendedores lo necesario y si importante es tener un producto, un servicio y en el camino se perfecciona. Lo que es indispensable es que las cosas sucedan. Las personas que terminan aunque aún no sea perfecto su producto son las que saben lo que quieren.

No pierdas tiempo perfeccionando un producto y servicio sino vas a venderlo o compartirlo con la sociedad. El verdadero éxito y triunfo de un emprendedor está en Hacer su idea una realidad y ponerlo al alcance del humano allí está la base de la alegría que trae grandes recompensas y ganancias al final. Recuerda la perfección es un proceso.

Miedo 5. Buscar dinero para invertir. No es una buena política endeudarse para comenzar algo. Conozco a tantos emprendedores que iniciaron un negocio debiendo dinero y se pasaron pagando la deuda.

Los emprendedores que triunfan crearon todo a partir de sus ideas y sus relaciones, construyendo en su audiencia. Por eso, es momento de que seas creativo y empieces a pensar como emprendedor en lugar de alguien que trabaja con paradigmas equivocado. Piensa fuera de la caja y tendrás maneras de empezar con o sin dinero.

Miedo 6. Careces de experiencia y conocimiento para iniciar. No te limites si no tienes educación universitaria. Con todo lo que está disponible en internet hoy día la ignorancia y la universidad en verdad no es necesario. ¿Dices que no puedes aprender lo que necesitas? Puedes encontrar un mentor, estudiar recursos gratuitos online o imitar algunos procesos exitosos. Existen demasiadas formas de encontrar el conocimiento y obtener la experiencia que necesitas para demostrar que tienes lo que se necesita para ser emprendedor y esa es la clave, entender que tienes el potencial y la capacidad para ser un emprendedor no eres un profesional sino un emprendedor. La universidad solo es una buena herramienta para los que la tienen pero eso no quiere decir que no puedas triunfar sin ella.

Miedo 7. Y si fracaso con este intento. El fracaso o tropiezos, errores no ha sido nunca el fin de un emprendedor todo lo contrario ha sido el comienzo de grandes éxitos. No te frustres si fracasas sólo deja que nazca en ti un emprendedor maduro y más experiencia.

Lo creas o no Katy Perry aunque no lo parezca, la famosa es una de las celebridades que siente mido cada vez que sube a un escenario. Ella misma lo asegura en una entrevista que 'a menudo siente ansiedad y preocupación' por lo que pueda salir mal y se pone nerviosa antes de deleitar a su público con su música.

Amigos el miedo será el demonio, el obstáculo, la piedra en el camino que se tendrá que vender, o caminar sobre él. Pero por nada del mundo dejemos de emprender con o sin miedo vamos a la victoria y éxito.

El Poder del Riesgo

"Casi no fundo Google porque estaba preocupado por el riesgo, y por dejar mi Programa de Doctorado."- Larry Page.

La filosofía del emprendedor exitoso es "El que no arriesga no gana". Esto debe estar grabado en su alma, en su mente, en su espíritu, en sus acciones. Los riesgos calculados requieren valentía e inteligencia, pero también la habilidad de aceptar la incertidumbre que con ellos viene. Quien no establece esto en su vida desde sus inicios como emprendedor vivirá muchos, muchos desaires y comenzará su propio fracaso del cual muy pocos se recuperan.

Como emprendedores debemos comprender que los riesgos no siempre tienen buenos fines o resultados ni generalmente funcionan como se lo pensó al inicio. Es un mundo de incertidumbre, pero necesarios para crecer y llegar a la cima del exito.

Miedos

Una de las primeras experiencias en el mundo del emprendimiento es que viviremos, enfrentaremos, nos sobrepondremos, caminaremos sobre y en miedos. De hecho si no sientes miedos no estás intentando algo grande. Los miedos son parte de la ecuación que se vive en la vida del emprendedor.

Debes arriesgarte a tu sueño, deseo y esa pasión que te mantiene en modo "hervir" como nos dice Juan Diego. Por lo tanto los miedos debes aceptarlos como parte de tu experiencia y forma de medir tus metas o hundirte en ellos y nunca avanzar a algo grande y desconocido.

"Ten en cuenta que el gran amor y los grandes logros requieren grandes riesgos." – Dalai Lama Tenzin Gyatso.

Errores

"Una persona que nunca cometió un error, nunca intentó algo nuevo"- Albert Einstein, físico.

En esta aventura de vida también se cometerán errores y muchos pero la magia de ellos está en que se aprenda de ellos. A pesar de los errores debes arriesgarte siempre. Nunca saldrá todo a la perfección y tienes que aceptar eso ya y por siempre no hay, escucha bien no hay, no ha existido ni existirá emprendedor que no allá cometido errores en sus negocios, empresas, productos, metas, servicios. Al contrario, todos los mejores y más exitosos emprendedores resurgieron de sus errores.

Si no estás dispuesto a correr riesgos y si no te atreves a dejar que te llamen demente aquellos que dudan de tu genialidad, entonces tal vez nunca alcances tu sueño. – Nick Vujicic.

Gracias a los errores se han formado grandes emprendedores en sus áreas de elección de políticos, empresarios, músicos, ministros, pintores, escritores, actores, poetas, etc.

Madurez

Cuando uno hace de su ADN de emprendedor el riesgo el fin sólo será en cada paso madurez, crecimiento y experiencia. El camino de la madurez como emprendedor está en que estés totalmente dispuesto a arriesgar cuanto tengas que arriesgar.

No me arrepiento en absoluto de haber corrido todos los riesgos por aquello que me importaba. – Arthur Miller.

Cuando uno se *arriesga conscientemente* le provee a la oportunidad a tener más valor y resultados extraordinarios. Ve y pregúntale a cualquier emprendedor ¿Cómo lograste lo que eres hoy día? Y encontrarás que sus logros, madurez están basado en altos y bajos, miedos, riesgos, luchas, errores y más riesgo.

Éxito

Amigos el éxito en todo no viene gratis, ni mucho menos fácil y sin ninguna prueba tiene un precio es arriesgarse mucho en la vida. Por eso, debes ser capaz de fluir conforme tu empresa va cambiando. Habrá fracasos en el camino, pero como estos emprendedores inteligentes han demostrado, también hay grandes recompensas y a eso al final se le llama éxito.

Grandes hechos suelen ser forjados con grandes riesgos. – *William Hazlitt*

Aquí presentamos a cinco emprendedores que aceptado y dominado el riesgo y al final han gozado éxito según soyentrepreneur.com articulo por Adam Toren. Que seas inspirado como emprendedor inteligente. Negrillas son nuestras.

1 - "Elon Musk es el co-fundador de PayPal, lo que para muchos emprendedores sería suficiente para construir una carrera exitosa; pero para él no fue así. Musk también creó Tesla Motors, la compañía de autos eléctricos cuyas acciones crecieron 625 por ciento en 2013, a comparación de 2012; y Space X, la primera compañía privada en enviar y atracar un shuttle espacial en la Estación Espacial Internacional. También es co-fundador de Solar City, un proveedor de paneles solares residenciales.

Con tantos logros "fuera de este mundo", incluso circulan infografías que lo definen como el Tony Stark verdadero. ¿Cuál es el truco? **Toneladas de trabajo duro, riesgos calculados y aceptación al fracaso.** Elon resumió todo esto en una entrevista que se le realizó en enero de 2005: "Existe una noción tonta de que el fracaso no es una opción en la NASA. El fracaso es una opción ahí. Si las cosas no fallan es porque no estás innovando lo suficiente".

2 – "Richard Branson es normalmente conocido como **el tomador de riesgos entre los emprendedores.** El famoso fundador de Virgin ha irrumpido en prácticamente todo desde iniciar su propio servicio de telefonía con Virgin Mobile, a revolucionar la industria de las aerolíneas con Virgin Atlantic y Virgin América. Desde que Sir Richard era joven, ha desarrollado muchas ideas de negocios que involucraron amar y aprender del riesgo.

Con esa carrera exitosa también vienen muchos fracasos. Pero Branson afirma que es el secreto de su éxito. Recientemente compartió en una columna que "Pocos proyectos iniciales funcionan. La manera en que un emprendedor novato enfrenta el fracaso es la que lo distingue de los demás. De hecho, **el fracaso es uno de los secretos del éxito, debido a que algunas de las mejores ideas surgen de las cenizas de negocios fallidos**".

3, 4 - "Brian Armstrong y Fred Ehrsam". Aunque sus nombres aún no son muy conocidos, su empresa Coinbase ha ganado mucha tracción e interés en los últimos tiempos. Tomando al mercado de la moneda digital alternativa creando su propia cartera digital, Brian y Fred quizás son unos de **los mayores tomadores de riesgos en la actualidad.**

Crear una cartera segura y global para que los usuarios compren, usen y acepten bitcoin no es nada fácil. Al igual que en los primeros años de la banca en el oeste, la moneda digital está en su etapa temprana y sigue siendo altamente susceptible a las amenazas de los hackers y de la cyberseguridad. Sin embargo, con dos años y más de un millón de carteras descargadas, Coinbase está liderando el camino para crear una economía global amigable con bitcoin."

5 – "Drew Houston. Si eres uno de los más de 175 millones de personas que usan Dropbox, entonces puedes agradecer a este emprendedor por **tomar los riesgos** que le permitieron llevar a su empresa a donde está hoy en día. Drew era un estudiante del MIT cansado de usar USBs y de enviarse a sí mismo emails para guardar información y compartirla entre computadoras. Co-fundó Dropbox en 2007 para permitir acceso a los archivos a través de cualquier dispositivo usando lo que llamamos "la nube".

El Emprendedor inteligente - Comienza tu propia empresa -

Sin embargo, esto no fue un camino recto a la lista de los multimillonarios. Houston tuvo que buscar a un co-fundador antes de ganarse el apoyo de su colega en el MIT, Arash Ferdowsi. Después vino esa épica batalla cara a cara en 2011, nada menos que con Steve Jobs, quien le hizo saber personalmente que tomaría el mercado de Dropbox y lo dominaría con su servicio iCloud. *El riesgo puede significar un camino lleno de baches, pero al final Houston diría que valió la pena."*

Vamos vivamos riesgos para vivir al máximo como emprendedores inteligentes y que nuestro potencial, capacidad y razón de existencia salga a flote de otra manera si dejamos este mundo nuestra tumba tendrá la frase. "Líder, productos, libros, música, servicios, poderes, talentos, dones, empresas, negocios, misiones, sueños, etc. Nunca expresados, nunca usados, nunca vivieron."

"Acepta los riesgos, toda la vida no es sino una oportunidad. El hombre que llega más lejos es, generalmente, el que quiere y se atreve a serlo." – Dale Carnegie.

10

Errores Habituales de los Emprendedores Que socaba La Vida del Emprendimiento

Negocios Originales

Los negocios originales podrían ser buenos y algunos tienen un éxito increíble. Sin embargo en su mayoría los negocios originales tienen varias limitaciones ya que requiere mucho más trabajo, tiempo y mucho dinero.

Ojo, esta es una de las razones del porque varios emprendedores van al fracaso. Según ellos encontraron lo que nadie tiene. La verdad es que la historia demuestra que para buenos resultados y rápido crecimiento debe usarse como plataforma, base, fundamento algo que ya existe, algo que ya la gente conoce y tiene demanda a menos que tengas todo el capital para emprender una torre en el desierto.

Allí está la historia de la hamburguesa, los restaurantes y los servicios. Mcdonald ha demostrado lo que decimos aquí. Tomar algo que ya existe y hacerlo mejor y suplir necesidades. Tomo el principio de un restaurante solo que a diferencia del convencional lo convirtió en un servicio para llevar "In and Out" entrada y salida, *comida rapida*. La hamburguesa ya existía, pero ellos la hicieron su marca con su propio estilo y sabor en todas sus tiendas.

La clave de los negocios de éxito está en buscar algo que las personas ya usan agregándole un cambio, más rápido, más barato. Esto tiende a llevar a los emprendedores a grandes éxitos. En otras palabras por qué inventarse algo totalmente nuevo cuando puedes usar el modelo, experiencia e ideas de otros mezclándolas con lo tuyo y eso es lo que los emprendedores inteligentes hacen.

Elegir negocio distinto a objetivos personales

Involucrarte en algo que no te gusta es terrible y destructivo porque de seguro te llevará a la quiebra antes de comenzar. Es de importancia suprema que tu negocio este en armonía con tu objetivo de vida, con tus deseos e inspiración de tal manera que exista aun después de tu muerte. Ya que tienes que darle todo lo que tienes que sea en algo que te motiva vivir todos los días.

La gran empresa Flexi, creadora de calzado en Guanajuato México demuestra esta enseñanza. Grupo Flexi es fundado por Don Roberto Plasencia Gutiérrez bajo la marca CESAR en 1935. Este emprendimiento que inicialmente comenzó con calzado infantil hoy dia hacen zapatos para todos damas y caballeros con gran dominio. La distribución de compañía cuenta con 250 tiendas propias y con 4,000 clientes, entre los que se encuentran Palacio de Hierro y Copel. Paralelamente. Flexi exporta a Japón, Emiratos Árabes, España, Costa Rica, Guatemala, Nicaragua, Honduras, El Salvador, Colombia, Canadá y Estados Unidos. Mas de 80 años demostrando que se mantiene gracias a la fidelidad en la combinación de visión y deseo del fundador hasta hoy y continua su legado.

Las personas que están involucradas en negocios que ellos no entienden, no aman, no desean tarde que temprano pagara y las consecuencias son terribles. Entonces de antemano todo emprendedor debe involucrarse en algo que le apasiona y que en los momentos difíciles esté inspirado a seguir y apasionado a buscar que el negocio de lo que él sabe puede dar.

Por lo tanto los negocios de éxito deben estar interrelacionados con las aspiraciones, sueños, deseos y sobre todo objetivo de vida del emprendedor.

Copiar un negocio exactamente

Otro de los grandes errores es no tomarse tiempo para considerar opciones en los negocios claro opciones que estén dentro de lo que te gusta hacer. No debiera hacerse un negocio donde tendrías que copiar exactamente un negocio. ¿Por qué no?, porque estaría promoviendo ese negocio que copiaste y no el tuyo.

Aunque se puede copiar modelos, tomar experiencia de otros para evitar sus errores o usar su conocimiento que lo que nos ayudaría a ahorrar años de aprendizaje y dinero que ellos ya invirtieron pero al final debemos darle nuestro propio toque, modificación, imagen, color y allí es donde se dan a conocer los emprendedores que sabían lo que empezaron a realizar.

No proteger propiedad intelectual

Pensar en grande, tener un buen producto, servicio sin considerar las ramificaciones legales es de ineptos y gente que fracasa. Todo aquel que hace todo bien y que pone una plataforma para lograr grandes resultados esta persona aprende que debe legalizar todo. Registra o patentiza todo lo que involucra el negocio, el nombre, el producto, logo.

Esto le paso la poderosa empresa de Carros Telsa en China. Por no proteger con anterioridad el nombre en china tuvieron muchos problemas inicialmente ya que el empresario chino Zhan Baosheng había registrado Telsa a su nombre y esto le costó millones a la empresa. Hasta hoy sigue afectando en sus ventas este incidente. Toma la parte de propiedad intelectual en serio o te costaría mucho más de lo que te imaginas.

La mayoría de emprendedores no lo hacen y piensan que si lo deben hacer es después de que su producto o servicio tenga éxito. Error garrafal. Por lo tanto siempre registra todo lo que traerás al público. Tomate tiempo para educarte en ello o págale a un abogado o persona con tales conocimientos ya que tarde o temprano veras lo importante que era tener eso en orden.

No tomar en cuenta la opinión de los demás

Cierto que nadie debe detenernos en nuestros sueños, ideas y propósitos por lo que otros dicen. Sin embargo, al iniciar o cuando ya se tiene un producto, servicio cualquier opinión cuenta. NO cometas el error de ignorar las opiniones de quien sea aun de enemigos. En ellas está tu clave de cómo harás o estás haciendo en el mercado.

Esto le paso a la famosa Kodak empresa de placas, rollos, cámaras fotograficas. Por no escuchar y ver los tiempos cambiantes después de ser tan poderosa fue a la quiebra en el 2010. No tenía que ser así pero lamentablemente pensó que Kodak seguiría con su éxito sin considerar los pasos agigantados que dio la tecnología. Básicamente quedo ya obsoleto el rollo Kodak. Hoy trata de restructurarse desde el 2015 con la integración de un nuevo CEO - Jeff Clarke. La lección es escucha y mira que está sucediendo en el mercado o fracasaras y solo serás historia.

También las opiniones son para tu equipo de evaluación gratuita. Las opiniones de tus clientes, tu equipo, socios, amigos y aun enemigos todas ellas son importantes y tú debes tener buen oído pues de allí dependerá mucho tu crecimiento o estancancamiento.

Depender de una sola idea

Muchos emprendedores piensan que una buena idea es todo lo que necesitan. En los negocios debes tener muchas, muchas ideas y en ellas encontrar opciones de negocios. Escoge unas 3 a 5 de las cuales puedas trabajar al momento que una falle. Una vez hecho esto hay que estudiar el mercado, las culturas y personas a donde deseamos entrar.

Es aconsejable hacer una prueba del producto o servicio y por alguna razón no funciona echar mano de la segunda opción en tus ideas, opciones de negocio. Para lograr el éxito hay que probar y avanzar con las ideas hasta que se logre el nicho de huevos de oro. si no lo haces te pasara lo que le paso a Blackbuster.

En 2004 no tenía rival. Nadie podía competir con sus 9.000 tiendas con más de 60.000 empleados en todo el mundo. Alquilaban viodeojuegos y películas. Y todo pasaba por Blockbuster. Nacieron en 1985 en el estado norteamericano de Texas y crecieron como la espuma. En dos años, ya tenían 17 tiendas en EEUU. En 1993, llegaban a 3.000. Su expansión era tan imparable que en 1994 Viacom llegó a pagar 8.400 millones de dólares por ella. En 2013, el gigante del alquiler cerró su última tienda todo por solo tener una idea para su negocio. No le tengas miedo a las ideas ellas te salvaran en tiempos de cambio. Se llama mantenerte innovando.

No tener un Plan de Negocio

Quienes no tengan un plan de negocio desde el inicio de su emprendimiento declaramos que está iniciando un mundo de confusión, robo de energía y vida. El fracaso seguro visitará.

Te acuerdas de la maquina de escribir Olivetti, la máquina de escribir que no pudo adaptarse al ordenador. Una de las cosas que más ha cambiado a lo largo de la historia es la forma en la que escribimos. Que se lo digan a esta empresa italiana que se fundó en 1908 con apenas 20 empleados en las afueras de Turín.

Si no tienes plan bien escrito y revisado constantemente vas a fracasar. Olivetti fabricaba máquinas de escribir. Bastante buenas. Su fama se extendió rápidamente por el mundo. Y creció igual de deprisa. Nunca se quedó quieta. Se enfrascó en la fabricación de calculadoras eléctricas y en 1959 hizo realidad el primer ordenador italiano. Adriano Olivetti, fundador de la compañía, murió en 1960. Pero la empresa siguió a paso firme con su carrera informática.

En 1982 sacó al mercado el primer ordenador personal europeo, el M20. Y luego otros muchos. En 1990 se metió en el mundo de las telecomunicaciones. Primero llegaron los ratones, luego las disqueteras. Cada vez aparecían nuevos avances que resultaban más caros de producir que de comprar. Jugaron con todo pero sin plan. El avance tecnológico acabó con su aventura industrial. Sin plan para vivir, sobrevivir, aventurar, enfrentar los cambios y sin creatividad desde el inicio considera tu entierro tarde que temprano.

No tener Competidores

Debe entenderse que no tener competidores no quiere decir que tendrás éxito con tu producto o servicio. Todo lo contrario, significa que hay necesidad de mucho trabajo en publicidad, estrategias y estudio de mercado.

Regla es: no tener competidores es una señal de que todavía no hay mercado. La cantidad de competidores son el termómetro de lo pequeño o grande del mercado.

No querer Invertir

Aunque somos predicadores de que podemos iniciar un negocio sin dinero usando nuestros recursos naturales también creemos que se debe usar dinero en cualquier oportunidad de mejor impacto, mejor producto o servicio.

Es un error de muchos emprendedores hacer todo gratis o pedir que les hagan trabajos gratis. Emprendedor que sabe pagar el precio de lo que quiere sabe darle valor a su éxito. No temas invertir cuando vale la pena.

Efrain Ferrer cubano nos muestra que cuando estas dispuesto a invertir todo lo que tienes puedes lograr todo lo que quieres. Le costó una visa 2,700 dólares poder llegar a Panamá donde empezó vendiendo pescado en la calle en 1989. De este país ingresa a EE.UU con la ayuda de un amigo. Llega a California en 1991. Su camino al éxito de empresario fue trabajando en una bodega, luego chofer comercial. Compro su propia troca pero cuando pregunto que costaba la aseguranza y supo que era 6,000 dijo "quiero vender aseguranzas". Nada sabía sobre ese negocio pero le fascino. Asi empezó su empresa de aseguranza que hoy tiene llamada Strong Tie Insurance gracias a su inteligencia de invertir todo para salir de Cuba, viajar a Panamá de allí a Estados Unidos hoy es un millonario latino.

Las Críticas

"Con las piedras que con duro intento los críticos te lanzan, bien puedes erigirte un monumento." - Immanuel Kant

1 - Concepto

Los emprendedores deben educarse de antemano para aceptar que en este mundo sobre abundan las críticas. En esta área hay dos tipos de crítica la constructiva y la destructiva. Por lo tanto, de antemano aconsejamos que digieras lo más pronto las críticas para sacarle el mejor provecho. Aconsejamos que aceptes, reconozcas los errores y no niegues tus fracasos si los hubiese.

La manera en que reaccionaremos a las críticas no depende del tipo de crítica sino de nuestros fundamentos en nuestros propios paradigmas. Nuestra mentalidad formada determinará nuestras reacciones a los críticos y criticas justas e injustas. Si, en otras palabras lo que ocurra con los comentarios, opiniones expresadas a nuestras personas y emprendimientos dependerá de nuestra propia psicología de la vida.

2 - Críticas Destructivas

Establezcamos de una buena vez que todo emprendedor va a enfrentar críticas y de todo tipo. Quien no acepte esta realidad, comportamiento de los seres humanos va a tener muy malos momentos y perderá mucha energía que necesita enteramente para dedicarlo a su emprendimiento.

Esto requiere que el emprendedor sea emocionalmente inteligente en saber detectar críticas. Si son críticas destructivas, negativas, injustas o mal intencionadas debemos ser aptos para filtrarlas, ignorarlas o totalmente echarlas a la basura sin perder tiempo. Si no haces esto creemos que las críticas te darán un trabajo que no necesitas y que no es para ti - el trabajo de "perder tiempo" en lo que no te ayudará en tu emprendimiento.

Aprendí a buena hora este principio de no perder tiempo con gente criticona sin propósito. En una de las organizaciones que trabajaba conocí a una personas a quien ayudé a comenzar una nueva vida. Pero recién pudo entrar a la misma organización en la que estaba yo empezó a criticarme. Inicialmente pensé que tenía la intención de ayudar. Sin embargo, meses pasaron y su actitud era peor. Por razones de trabajo me moví de estado y ¿qué crees? Sucedió que esta persona la primera oportunidad que tuvo para hablar mal de mí con mis nuevos contactos en este estado, lo hizo. Nos volvimos a encontrar en juntas por razones de empleo y todo lo que proponía estaba mal para él. Critico mis logros, vestimenta, comida, personalidad, capacidades, básicamente todo hasta hoy.

La verdad es que siempre me mantenía ocupado tratando de explicarle a las personas afectadas mi versión, mi razón, mi propósito, mi situación. ¡Nada cambio.! ¡No cambio! El colmo fue que un día me llamo y su mensaje fue este "te voy a destruir, aunque esto sea lo último que haga en la vida y me valla al infierno." Han pasado años y no deja de molestar. Desde ese día con esa llamada me di cuenta que sería una cruz, problema y que mi mejor solución era ignorarlo.

Hasta hoy jamás perdí más tiempo en defenderme o explicarle a nadie sus acusaciones. Lo deje ser y use mi tiempo para ser mejor, para seguir teniendo éxito, emprendiendo y triunfar. Entiende que los emprendedores se ganan críticas y es parte del paquete para triunfar. No pierdas, ni tiempo, ni energías en esas gentes. ignóralos. ¡Yo sigo triunfando y el sigue criticando! Acostúmbrate con las criticas destructivas estas vigentes y existen.

3 - Críticas Constructivas

Los emprendedores emocionalmente inteligentes ellos tienen sabiduría, conocimiento y sobre todo una gran capacidad de discernimiento para reconocer y usar las críticas justas, instructivas. Las críticas constructivas incluyen y nos muestran errores, limitaciones, falta de expansión, visión borrosa de empresa, producto, sistema, reglamentos, póliza, actitudes hacia el cliente, etc.

Tenemos que tener **oído para oír, ojos para ver y mente para considerar y sobre todo el espíritu de alumno para corregir y avanzar** como emprendedor exitoso.

4 - Errores

Increíble pero cierto debemos someternos a nuestros errores para poder conquistarlos. Eso se logra aceptándolos en cuanto se nos presenta y sabemos que tienen razón, caminando con ellos, aprendiendo de ellos. La mejor forma de conquistar casi siempre es cediendo, sé que suena contradictorio, pero permítase tiempo para analizarlo. Cediendo damos espacio para aprender, escuchar e iniciar nuevamente.

Escritor y publicista Abel Cortese nos dice que: "La responsabilidad se prueba en los fracasos, en aquellas situaciones en las que hay que asumir de frente los hechos, para poder cambiar de rumbo".

Al ceder al cambio exigido por nuestros errores, faltas y caídas veremos que hay más esperanza en aceptarlos que negarlos. Hundiéndonos en conocimiento errado da oportunidad para una nueva oportunidad y otra idea nueva. Jonathan Swift dijo con mucha razón: "nunca estés avergonzado de aceptar que estas mal; realmente es decir que hoy erres más sabio de lo que eras ayer". He allí la sabiduría verdadera, aceptar, ceder a la enseñanza de esos errores benditos. Sin duda alguna se necesita coraje, valor y seguridad interna para experimentar esto.

5 – Flexibilidad

Solo verdaderos líderes logran esto, flexibilidad. Empecemos por cambiar nuestro concepto de las críticas y los errores, así obtendremos sabiduría para poder actuar o reaccionar inteligentemente. Nada es fácil, todo requiere educación y deseo de crecer y superar esos malos momentos o sentimientos que impiden el crecimiento.

Esto se logra sometiéndonos, siendo flexibles, abiertos y hasta donde sea posible si no va en contra de nuestros principios, deben ser permisibles me refiero a que la flexibilidad requiere el que uno se someta conscientemente a ciertas opiniones, comentarios, críticas en ocasiones es la victoria más grande y nuestro negocio, empresa, producto crece y se expande exponencialmente.

A esto debemos adaptarnos, sincronizarnos a toda enseñanza que el cielo nos de por medio de personas, circunstancias no favorables y claro los errores propios.

6 - Negociar

Por contradictorio que parezca no hay conquista sino cedemos, analicemos y veremos que ceder no es otra cosa que *negociar para algo mejor*. Hay victoria y grandes ganancias siempre cuando se negocia.

Luz, Victoria y mucho dinero hay cuando aprendemos y negociamos. Dejemos por así decirlo arrastrarnos por la corriente para mirar nuevos horizontes como lo hace la naturaleza. Para muchos eso es fracasar y humillarse pero si aprendiéramos que allí en la humillación radica la grandeza, llegaríamos a ser héroes en el emprendimiento.

Lai Tsé expresó "Este es el principio para controlar los acontecimientos, dejándote arrastrar por ellos, del dominio mediante la adaptación".

7 - Redime el tiempo No lo pierdas lamentándote

Por experiencia puedo decir que se pierde más tiempo lamentando las críticas, nuestros fracasos, errores y faltas que si los aceptáramos o filtráramos inmediatamente.

Sin embargo entre más rápido aceptamos las críticas así de rápido vendríamos a tener soluciones y mejores opciones que pelear no aceptando el beneficio de nuestros errores.

Dedico este espacio a este punto porque muchos de nosotros hemos sucumbido en nuestros lamentos y nuestros sueños, visiones, y emprendimientos que se han trocado o destruidos por no entender la psicología del emprendimiento.

Tristemente por más que uno escriba o hable esto a muchos nos ha robado el privilegio para levantarnos y triunfar. Pero te digo que allí donde solo se mira derrota radica el mismo éxito. Una persona que se preparada para las oportunidades tiene la capacidad de redimir el tiempo. Siempre está listo para toda posibilidad.

8 – Fertilizante

Anhelo podamos como emprendedores verdaderos aprender y sacarle el mejor provecho de las críticas, de nuestros errores, especialmente de esos que nos han desmoralizado, pero más importante, aunque no nos guste las críticas debemos darle un lugar especial en nuestra experiencia como emprendedores.

Propongo apreciemos las críticas que llegan sin invitarlas y convertirlas en fertilizante en mejoramiento de nuestro carácter brindándole sabiduría y crecimiento. Al dejarlas caer sobre nosotros en vez de ignorarlas nos serán de ayuda porque de seguro los que nos critican son personas que conocen nuestros males y debilidades los cuales debemos corregir. No perdamos tiempo evitando los errores o críticas aceptémoslos como buenos fertilizantes.

9 – 3 Opciones

Al escuchar y considerar lo que nos dicen las críticas, tenemos tres opciones,

escucharlas y perder el tiempo lamentando todo lo negativo,

escuchándolas para corregir y aprender de ellas

o destruirnos al dejar que nos dominen las críticas desanimándonos.

Estoy convencido que **las críticas bien usadas** serán una brújula guiándonos a mejorar y superar esos obstáculos de carácter, de visión, de misión si lo permitimos, nos llevarán de seguro a la prosperidad esperada, a una mejor condición y posición.

Aprovechemos nuestro tiempo en analizar las críticas, algo bueno se puede sacar de ello que perder tiempo lamentando, ese es mi mensaje a todo ***emprendedor inteligente.***

Meta final del Emprendimiento

Libertad

El clímax de todo emprendedor Inteligente no es lograr un producto, sistema, una empresa, dinero, prosperidad. NO, eso solamente es parte de la ecuación que hace feliz al humano. La verdadera meta de todo emprendedor inteligente es el Poder Gozar de La Libertad en todo sentido. Considera las áreas en las que un emprendedor inteligente debe lograr, tener y gozar en la vida, Libertad.

Libertad psicológica

La libertad es un gran poder que pocos gozamos y que

debemos obtener. Es uno de los poderes que todos los verdaderos emprendedores buscan con anterioridad y es prioridad en su vida, La Libertad en todo. Este poder es gratuito y disponible a todos. Ya que sus orígenes están en Dios, en el universo del que todos somos parte está en nosotros para poder ejecutarlo y sin embargo sigue para muchos siendo **un misterio** que descubierto es una mina de posibilidades, de cambio de vida, economía, mentalidad, espiritualidad y rotundamente rentabilidad.

Lamentablemente algunos nos esclavizamos a conceptos, ideas y pensamientos destructivos que nos ponemos en estado de autodestrucción y aun así deseamos vivir una vida libre pero llena de penurias y vida estresada, complicada y confundida. La única manera de poder ver y luego disfrutar de una libertad debemos primero reconocer que estamos esclavizados con la mente, en conceptos y pensamientos que son detonantes y consecuentes a lo que pensamos consistentemente.

La primera libertad para poder salir y triunfar debe ser la libertad psicológica, la mental para poder liberarnos de todo lo demás. Aun en lo espiritual Dios no puede hacer nada sino lo aceptamos, si no lo necesitamos. Nadie puede ayudarnos a salir de cualquier esclavitud a menos que reconozcamos nuestra esclavitud. Todo empieza en la mente y termina allí.

Libertad física

No tienes éxito verdadero hasta que superes tus grandes limitantes mentales, emocionales y físicos. Allí está la historia de Thalía para llegar a ser lo que es ahora exitosa actriz, cantante y empresaria. Ella primero supero la muerte de su padre (con efectos psicológicos, emocionales y físicos) además quedar muda por un año sin poder hablar. Analiza su éxito no solo en sus emprendimientos de vida sino aun su físico es un mensaje de sus libertades internas. Una emprendedora totalmente libre. Mira su físico, analiza su sonrisa, su personalidad un imán. La libertad física es tan poderosa que pocos lo han descubierto y lo confirmo con su obesidad y enfermedades que destruyen a humanos en grandes masas.

"Uno puede decidir ser miserable, una persona que camina bajo una nube problemas y de cosas tristes o puedes decir cambio eso en estar un aspecto más positivo, más brillante,

más de posibilidades, más abierto a las experiencias y agarrado de la mano de Dios." – Thalía.

No podemos tener una psicología sana además de lograr los mejores conceptos sin mantener una buena salud. Y por lo tanto se debe conscientemente cuidar la salud física porque ella tiene un poder que influencia nuestra mente. Quienes no cuidan su salud no pueden disfrutar al 300% del potencial que Dios nos dotó a todos para ser y realizarnos al máximo.

Por lo tanto hacer que nuestro cuerpo se libere de estrés, toxinas, tensión, es importante y necesario traer libertad a nuestra vida. Haz lo que o como gustes, pero MMEC te dice has ejercicio, caminar, frotar, correr, nadar, escalar etc. Lo que sea necesario físicamente para que estés en buen ánimo, buena forma y sin saberlo sabrás que estarás en la forma psicológica más apropiada. Todo esto es libertad que un emprendedor inteligente debe poseer.

Un cuerpo sano, músculos activos, sangre circulando, sistema inmunológico estable y sobre todo un buen y limpio colon será siempre la plataforma de toda salud que se necesita. Quienes no le den importancia a esto viven enfermos, están enfermos y tal vez lograrán algún éxito pero será más poderosa la esclavitud a la enfermedad que no podrán gozar de la vida menos de su emprendimiento y prosperidad económica.

La libertad Espiritual

En este mundo del emprendimiento son bastantes los que solamente buscan liberad financiera y lo logran, pero no son felices. Al lograrlo se sienten incompletos, varios llegan a suicidarse ya que no tienen paz ni les satisface nada de sus logros, éxitos y prosperidad. La razón de este descontrol en tan añorada, posición social y económica se debe a que nunca consideraron importante la condición espiritual, condición y estado que es crucial en la ecuación del verdadero éxito en el emprendimiento y clímax de UN SER LIBRE.

Si quieres de verdad triunfar en la vida como emprendedor tienes que asegurarte La Libertad Espiritual. Deja de vivir en emociones enfermas como la ira, el disgusto, la envidia, los celos, malos sentimientos a otros, el maldito egoísmo. Emociones que bloquean La Libertad espiritual, la paz interna. Sobre todas las cosas asegúrate que crezcas de adentro para afuera y todo lo demás se llega a completar, acomodar y fluir verdadera vida libre.

"Uno de los hombres más ricos de India renunció a su fortuna para seguir una vida espiritual de total austeridad. Bhanwarlal Doshi, un empresario que desarrolló el comercio de plásticos valorado en US$600 millones por la revista Forbes, fue recibido como monje del jainismo, una de las religiones más estrictas de Asia.

"El jainismo no solo exige la renuncia de bienes materiales, sino que también profesa una absoluta no violencia que incluye no hacerle daño a los insectos, inclusive microbios. De tener esposa pasará a ser célibe, de estar vestido de lujo ahora escasamente tendrá una túnica y caminará descalzo, el ajetreo social dará paso a la introspección y meditación y casi toda su gran fortuna será donada para obras de esa fe."

"La búsqueda de un camino espiritual es algo común en India, pero el cambio radical en la vida de Doshi para alcanzar su moksha, o salvación, no tiene precedentes, según Amresh Dwivedi, del Servicio Hindi de la BBC. Tampoco fue una decisión tomada repentinamente, a causa de alguna crisis mental o moral que el empresario pudo estar sufriendo." – Fuente BBC MUNDO

Libertad financiera

Muchos hablan de crecimiento intelectual y espiritual pero muy poco enseñan la importancia de la libertad financiera pero sólo en el área de tener más dinero. Sin embargo, MMEC cree en libertad financiera y alejarse totalmente de las deudas.

Que hermoso es llegar a tener tu propia empresa y una vida libre de deudas, un negocio, una empresa totalmente rentable que al final es la meta del Emprendedor Inteligente. Estas son libertades que necesitamos trabajar para lograrlas y cuidarlas para mantenerlas.

Uno de los iconos en este principio es el maestro, mentor, escritor, empresario Roberth Kiyosaki el no solo habla Libertad Financiera, sino que la posee y es un gran ejemplo a seguir. Todo lo que hagas como Emprendedor Inteligente debe ser con este objetivo tener libertad financiera total y eso quiere decir no tener que trabajar para pagar tus recibos. Poder pagar la casa, renta, carro, aseguranza, luz, agua, basura, comida, gustos, lujos, vacaciones etc., con tus entradas gracias a tu sistema de remuneración ya sea de algún negocio, inversión, inmuebles etc., es necesario.

La libertad financiera debe ser una de las metas **primordiales** de todo Emprendedor Inteligente vivir y lograr una vida sin deudas y totalmente rentable.

La Libertad de Vacaciones

Cuando uno logra la libertad de conciencia, de concepto, libertad financiera y espiritual entonces los emprendedores aprenden a vacacionar y gozar los resultados de sus esfuerzos, sacrificios, y logros. Las vacaciones son sagradas para todos aquellos que han trabajado dura y honestamente, han dado su todo y logran sus sueños.

Es ridículo vacacionar cuando se empieza una empresa, proyecto, producto y servicio pero también más ridículo es no hacerlo cuando se ha establecido y está prosperando lo que emprendimos. Las vacaciones son necesarias en la vida, para la mente, para la familia y son una demostración que es logrado un status de éxito de cualquier meta y disfrutar al 300%.

Por lo tanto, como emprendedor debes agendar tus vacaciones si no estás listo o sea no gozas de libertad financiera entonces ponlo como meta que de seguro te inspirará a que avances en tu misión presente. Úsala como incentivo en tu psicología y veras que cuando lo logres no solamente gozarás, sino que sentirás sentimientos tan poderosos como el haberlo logrado. Las vacaciones para los emprendedores son importantes no sólo para recuperarse físicamente, mentalmente, emocionalmente sino también son necesarias para evaluarse uno mismo y en muchas ocasiones es la oportunidad de planear otra aventura y proyecto en la vida.

Te dejo con la historia de uno de los emprendedores más exitoso entre los chinos y el como el vacaciona, su personal vacaciona promoviendo la cultura. Los grandes saben vacacionar como parte de sus logros, libertad financiera y emprendimiento.

"Li Jinyuan, 24.ª fortuna china y fundador del conglomerado Tiens Group Company, ha vuelto a sorprender a sus trabajadores, esta vez invitando a 2.500 de ellos a pasar unos días de vacaciones en España, informa '20 minutos'. "La idea es reunirlos en la capital de España y hacer una gran paella para todos", aclara uno de sus asesores. Li planea gastar casi ocho millones de dólares en organizar actividades culturales, alquilar 1.650 habitaciones en hotel y pagar los desplazamientos de sus empleados. Se espera que el numeroso grupo de turistas llegue a Madrid el 4 de mayo en más de 20 vuelos.

"El multimillonario chino celebra de esta forma todos los aniversarios de su empresa. ¿Qué tan mal jefe se necesita ser para que echen esto en su jugo? El año pasado Li Jinyuan organizó unas vacaciones parecidas en París, donde sus trabajadores visitaron el Louvre y otros lugares de interés. Luego toda la delegación se embarcó en varios trenes bala (TGV) hacia el Mediterráneo, donde había reservado habitaciones en 79 hoteles de cuatro y cinco estrellas."

"Li, que creció en una familia muy humilde, empezó su actividad empresarial a los 16 años para llegar a convertirse en uno de los millonarios famosos del país debido a sus actividades benéficas y a su interés por organizar viajes que, según él, no solo sirven para fomentar el espíritu de la integridad entre sus trabajadores, sino que también impulsan el intercambio cultural internacional." – Fuente actualidad.rd.com

La Libertad de Aprender a vivir

Los Emprendedores Inteligentes deben comprender de ante mano que de nada sirve hacer, tener éxito y ver un negocio triunfar si no se aprende a vivir la vida. La libertad máxima está en que uno viva de verdad con sentido y prosperidad. La mejor recompensa de un emprendedor es tener la libertad de poder decidir cómo usar su vida, su tiempo y su dinero sin el dictamen de alguien más. Pero nada de esto es posible si no aprende a vivir la vida, su vida en vida.

Entre aquellos que han escogido su vida, su estilo, su propia forma de disfrutar la vida están la madre Teresa decidió vivir por la humanidad, Gloria Estefan es defensora de los animales. Juan Luis Guerra se convierte en cristiano. Reynaldo "Chino" Santiago, ex-vocalista de Grupo Manía, decide ser un escritor de libros de consejería matrimonial. En América Latina hay varios ejemplos de empresarios que han saltado a la política. Por ejemplo, Sebastián Piñera, en Chile, quien durante años se desempeñó a la vez como político y empresario. Una cristiana decide ser Actriz en Hollywood, famosa Megan Fox. Y muchos más ejemplos de quienes viven su vida.

Te pregunto ¿has aprendido a vivir la vida? ¿Tienes una psicología libre y activa? ¿Eres feliz en lo que haces y tienes? ¿Estás desesperado por tener más y no duermes porque tu empresa no avanza o no da lo que quieres? Uno de los primeros pasos para gozar la vida es reconocer lo valioso que es la existencia entonces y solo entonces se podrá disfrutar.

Conclusión:

Deseo de todo corazón que este libro allá Despertado Conciencias en ti al potencial a emprender, activado y prosperado en ti El Emprendedor Inteligente y si no lo has hecho que este libro sea la semilla al inicio de tu propia y exitosa empresa.

Si leíste TODO el libro Tu Eres Un Emprendedor Inteligente que nadie te venda otra idea. Vive lo que eres UN VERDADERO EMPRENDEDOR INTELIGENTE.

"Hay muchas malas razones para empezar una empresa. Pero solo hay una buena razón y creo que sabes cuál es: para cambiar el mundo" - Phil Libin, fundador de Evernote.

¡Emprende AHORA MISMO!

Sobre el Autor

El autor es un Conferenciante internacional sobre temas religiosos, liderazgo, salud y motivación por los últimos 20 años y autor de varios libros: La Verdad Profética, Como Joven Cristiano Caí Pero Me Levante, El Código De Toda Posibilidad, El Líder Gladiador, El Noviazgo Cristiano, El Poder De La Disciplina, El Poder De Pedir, 12 Reglas De Una Vida Exitosa, Pasos a Tu Libertad Financiera, Dile Adiós a tu Empleo comienza tu propio Negocio.

También es el fundador de LVP / La Verdad Profética una institución no lucrativa que ayuda a la gente necesitada. Es el Fundador y Presidente de la empresa MMEC/ Miguel Martin Education Center con sede en Dallas Texas de Desarrollo y Motivación Personal.

Escribe y conoce más sobre Miguel Martin y reciba información y entrenamiento gratuito en su página web www. miguelmartin.info

Fin

El Emprendedor inteligente - Comienza tu propia empresa -

El Emprendedor inteligente - Comienza tu propia empresa -

El Emprendedor inteligente - Comienza tu propia empresa -

El Emprendedor inteligente - Comienza tu propia empresa -

Made in the USA
Middletown, DE
16 September 2021